Berner Wanderbuch

Emmental

78 Routenbeschreibungen mit Routenkarten, Routenprofilen und Bildern
Bearbeitet von Paul Burkhalter. Herausgeber: Berner Wanderwege

Kümmerly+Frey

Inhalt

5 Vorwort
8 Übersichtskarte 1:600 000
10 Routenverzeichnis
14 Routenkarte 1:200 000
Routenbeschreibungen:
17   Burgdorf und Umgebung, Routen 1–8
33   Lützelflüh und Umgebung, Routen 9–17
50   Sumiswald, Dürrenroth, Huttwil, Routen 18–27
72   Langnau und Umgebung, Routen 28–33
84   Trub, Fankhaus, Routen 34–39
95   Eggiwil, Schangnau, Kemmeriboden, Routen 40–48
110   Eriz, Röthenbach, Routen 49–51
116   Signau, Bowil, Zäziwil, Routen 52–57
127   Konolfingen und Umgebung, Routen 58–66
145   Münsingen und Umgebung, Routen 67–71
154   Worb und Umgebung, Routen 72–78
169 Sehenswürdigkeiten und Ausstellungen
173 Register
175 Auskunftsstellen
176 Verzeichnis der Wanderbücher, Wanderkarten

Redaktion: Geschäftsstelle der Berner Wanderwege, Postfach 263, 3000 Bern 25
Bilder: Beyeler, Oppligen † (S. 29, 41, 43, 59, 85, 94, 102, 109, 115, 132, 144, 168), Heiniger, Spiez (S. 32, 49, 71, 73, 83, 96, 111, 126, 128), Howald, Bern (S. 37), Schärlig, Worb (S. 51), Sonderegger, Rheineck (S. 6), Stauffer, Genf (S. 19, 164), Wiederkehr, San Pietro (S. 3, 4, 13, 16)
Profile: BWW, S. Houtermans
Routenkarten: Reproduziert mit Bewilligung des Bundesamtes für Landestopographie vom 16.6.89
© 1989 Kümmerly + Frey, Geographischer Verlag, Bern – Ausgabe 1995
Printed in Switzerland ISBN 3-259-03065-4

Umschlagbild: Simon Gfeller vergleicht die strahlenförmig auseinanderstrebenden Gräben und Grate am Napf treffend mit den Wurzeln eines mächtigen Tannenstockes. Das Gratgebiet östlich des Napf figuriert als typische fluviatile Erosionslandschaft mit reicher Reliktflora aus der Eiszeit im Inventar (KLN) der zu erhaltenden Landschaften von nationaler Bedeutung. Ausblick vom Napf nach Südwesten zu Schrattenflue, Hohgant und den Schneeriesen des Berner Oberlandes (Foto Zbären, St. Stephan)

▶ **Weitverstreut über Halden und Talgründe liegen die Einzelhöfe. Meist sind es stattliche Bauernsitze. Nicht überall ist jedoch Ackerbau möglich. An den steilen, kargen Halden sind oft Milch-, Käse- und Holzwirtschaft die einzigen Ertragsquellen. Bauerngut bei Obergoldbach.**

Vorwort

Der geographische Begriff Emmental wurde im vorliegenden Wanderbuch im weitesten Sinne ausgelegt. Es umfasst eine ausserordentlich interessante Berg- und Hügellandschaft, wie sie sich in solcher Ausgeprägtheit in der Schweiz nicht wieder finden lässt. Beschrieben wird das ganze Wandergebiet südlich der Linie Worb–Burgdorf–Huttwil bis zu den Voralpen am Sigriswiler- und Brienzergrat. Während die vorzüglichen Aussichtspunkte Lueg, Lüderenalp, Napf, Ballenbüel, Blasenflue, Churzenberg, Buchholterberg, Honegg und Rämisgummen mit gepflegten Äckern, prächtigen Wäldern und üppigen Weiden überzogen sind, gehen diese am Hohgant und an der Schrattenflue in wilde Karrenfelder über.

Das Emmental ist das ausgeprägteste Einzelhofgebiet der Schweiz. Die ursprünglichen alten Dörfer und Zentren der ausgedehnten Gemeinden sind nur klein und umfassten früher ausser Kirche, Schulhaus und Wirtshaus etwa noch eine Krämerei, eine Schmiede und einige wenige Bauernhöfe. Weil das Minoratsrecht, wonach es dem jüngsten Sohne gestattet war, den Hof zu einem günstigen Preise zu übernehmen, im Emmental seit 1539 besonders streng gehandhabt wurde, blieben die Heimwesen oft jahrhundertelang im Besitz der gleichen Familie. So bildete sich ein Bauernadel, wie ihn Jeremias Gotthelf schildert. Zeugen davon sind die vielen Einzelhöfe, die sich wie wahre Königreiche ausnehmen, mit den schmucken Bauernhäusern, den heimeligen Stöckli (dem Ruhesitz der Alten) und den schönen, oft reich verzierten Speichern. Auf entlegenen Eggen und an steilen Berglehnen ringt dagegen der Kleinbauer mit unerhörten Schwierigkeiten ums tägliche Brot. Naturverbundenheit und Wortkargheit, gesundes Selbstbewusstsein und Gastfreundschaft, wie auch seine Treue zur Scholle sind Merkmale des Emmentalers. Holz- und Milchreichtum bilden seine Existenzgrundlage.

Dem Wunsche vieler Wanderer Rechnung tragend, wurden im vorliegenden Bande wieder Routenprofile aufgenommen, welche über Höhenunterschiede, Bewaldung, Ortschaften Gaststätten und Aussichtspunkte Auskunft geben. Ferner wurden Hinweise auf den öffentlichen Verkehr einbezogen. Dem Bearbeiter des Buches, Herrn Paul Burkhalter, sei für die gewissenhafte Überarbeitung der beste Dank ausgesprochen. Die 78 beschriebenen Routen vermitteln einen Einblick in eine Landschaft, die ihresgleichen sucht.

Rudolf Künzler, Präsident der Berner Wanderwege

◀ **Besonders im Herbst, aber auch zur Blütezeit (April, Mai) wird das Emmental seinem Ruf als einzigartiges Wanderland gerecht. Die satten Gelbtöne von Löwenzahn und Raps leuchten aus dem herrlich abgestuften Grün der Matten und Wälder. Frühling bei Landiswil.**

▶ **«Ein grosses Bauernhaus, welches seit hundert und mehr Jahren im Besitz der gleichen Familie war, und absonderlich, wenn gute Bäuerinnen darin wohnten, ist einer Gegend fast was das Herz im Leib.» (Gotthelf) Stattliche Höfe bei Eggiwil (Routen 36, 40, 52, 53 und 62).**

Übersichtskarte 1:600 000

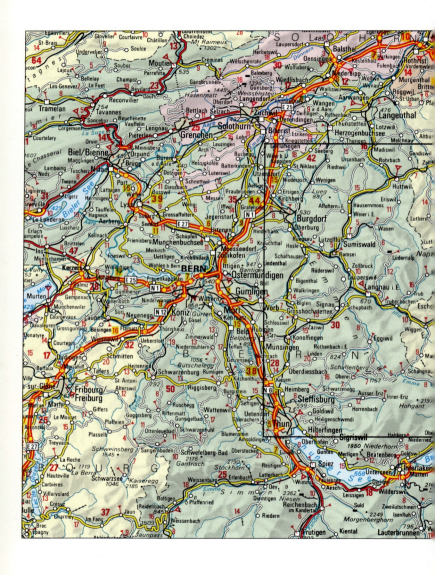

Übersichtskarte

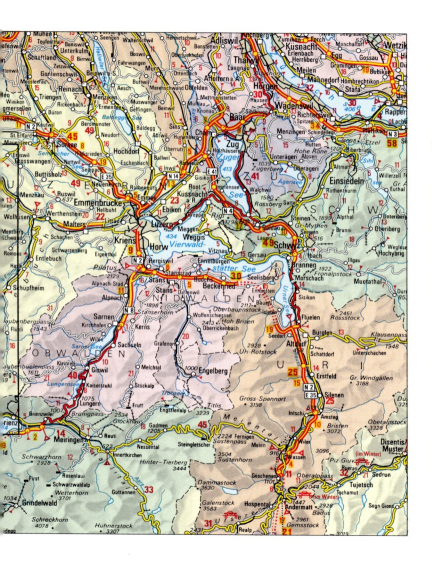

Routenverzeichnis

Nach Ausgangspunkten geordnet. Die angegebene Zeit gilt für die ganze Route ohne Einrechnung von Rasten. Hinweise auf Varianten finden sich in den Routenbeschreibungen, in der Routenkarte und in der Wanderkarte Emmental–Oberaargau 1:60 000 (Berner Wanderwege/Kümmerly+Frey).

Burgdorf und Umgebung   Seite

1 Wynigen–Schwanden–Lueg	1 Std. 50 Min.	17
2 Burgdorf–Hueb–Wynigen	2 Std. 25 Min.	18
3 Burgdorf–Kaltacker–Wynigen (Planetenweg)	2 Std. 50 Min.	20
4 Burgdorf–Lueg–Affoltern i. E.	3 Std.	22
5 Burgdorf–Rüegsbach–Sumiswald	3 Std. 40 Min.	24
6 Burgdorf–Lützelflüh–Langnau i. E.	5 Std.	26
7 Burgdorf–Hasle–Lützelflüh	2 Std. 20 Min.	28
8 Burgdorf–Zimmerberg–Krauchthal	2 Std. 20 Min.	30

Lützelflüh und Umgebung

9 Hasle-Rüegsau–Rachisberg–Lueg	2 Std. 30 Min.	33
10 Schafhausen–Hammegg–Gumm–Biglen	2 Std. 40 Min.	34
11 Lützelflüh–Egg–Sumiswald	2 Std.	36
12 Lützelflüh–Moosegg–Signau	3 Std. 35 Min.	38
13 Lützelflüh–Aspiegg–Gumm–Biglen	3 Std. 10 Min.	40
14 Ramsei–Geilisguetegg–Lüderenalp	3 Std. 40 Min.	42
15 Grünenmatt oder Sumiswald–Haretegg–Lüderenalp	3 Std. 15 Min.	44
16 Heimisbach–Vorderholz–Lüderenalp	2 Std. 15 Min.	46
17 Heimisbach–Zuguet–Lüderenalp	1 Std. 40 Min.	47

Sumiswald, Dürrenroth, Huttwil

18 Sumiswald–Griesbach–Dürrenroth	2 Std. 35 Min.	50
19 Sumiswald–Oberwald–Huttwil	3 Std. 35 Min.	52
20 Wasen i. E.–Arni–Napf	4 Std. 45 Min.	54
21 Wasen i. E.–Sparenegg–Lüderenalp–Napf	5 Std. 30 Min.	56
22 Weier i. E.–Fritzenflue–Ahorn	3 Std. 15 Min.	60
23 Dürrenroth–Wyssachen–Eriswil	1 Std. 45 Min.	62
24 Dürrenroth–Oberwald–Wasen i. E.	2 Std.	63
25 Huttwil–Nyffenegg–Ahorn–Napf	6 Std. 15 Min.	65
26 Huttwil–Eriswil–Ahorn	3 Std.	68
27 Eriswil–Fritzenflue–Wasen i. E.	2 Std. 20 Min.	70

Langnau und Umgebung

28 Zollbrück–Geilisguetegg–Lüderenalp	3 Std.	72

29 Zollbrück–Lauperswil–Moosegg–Zäziwil	4 Std.	74
30 Langnau i. E.–Dürsrüti–Lüderenalp	3 Std. 35 Min.	76
31 Langnau i. E.–Rämis–Lüderenalp	2 Std. 50 Min.	78
32 Langnau i. E.–Flüeacher–Trubschachen	1 Std. 25 Min.	80
33 Langnau i. E.–Hohwacht–Rämisgummen–Schangnau	6 Std.	81

Trub, Fankhaus

34 Trubschachen–Schynenalp–Napf	5 Std. 40 Min.	84
35 Trubschachen–Turner–Napf	5 Std. 45 Min.	86
36 Trubschachen–Blappach–Eggiwil	2 Std. 20 Min.	88
37 Trub–Schynenzinggen–Napf	5 Std. 25 Min.	89
38 Fankhaus–Höch Sureboden–Napf	3 Std. 30 Min.	91
39 Fankhaus–Höchstullen–Napf	2 Std.	92

Eggiwil, Schangnau, Kemmeriboden

40 Eggiwil–Naters–Oberei	3 Std.	95
41 Schangnau–Bumbach–Kemmeriboden Bad	2 Std. 20 Min.	97
42 Schangnau–Rotmoos–Innereriz	2 Std.	98
43 Schangnau–Honegg–Schwarzenegg	4 Std. 30 Min.	99
44 Kemmeriboden Bad–Chadhus–Marbachegg	2 Std. 50 Min.	101
45 Kemmeriboden Bad–Wannenpass–Planalp	5 Std. 15 Min.	103
46 Kemmeriboden Bad–Ällgäulücke–Oberried	5 Std. 30 Min.	105
47 Kemmeriboden Bad–Widegg–Habkern	5 Std.	106
48 Kemmeriboden Bad–Schärpfenberg–Hohgant	4 Std. 30 Min.	108

Eriz, Röthenbach

49 Eriz–Wimmisalp–Kemmeriboden Bad	4 Std.	110
50 Röthenbach–Naters–Turner–Schangnau	4 Std. 40 Min.	112
51 Röthenbach–Würzbrunnen–Chuderhüsi–Signau	2 Std. 40 Min.	114

Signau, Bowil, Zäziwil

52 Signau–Eggiwil–Schangnau	5 Std. 10 Min.	116
53 Signau–Chapf–Eggiwil	3 Std. 20 Min.	118
54 Bowil–Chuderhüsi–Würzbrunnen–Röthenbach	2 Std. 10 Min.	120
55 Bowil–Äbersold–Linden	2 Std. 10 Min.	122
56 Zäziwil–Linden–Heimenschwand–Schwarzenegg	4 Std. 40 Min.	123
57 Zäziwil–Niederhünigen–Oberdiessbach	2 Std. 30 Min.	125

Routenverzeichnis

Konolfingen und Umgebung

58	Biglen oder Grosshöchstetten–Moosegg–Emmenmatt	3 Std. 15 Min.	127
59	Walkringen–Moosegg–Signau	3 Std. 25 Min.	129
60	Walkringen–Mänziwilegg–Krauchthal	3 Std. 10 Min.	131
61	Konolfingen–Häutligen–Wichtrach	2 Std. 15 Min.	133
62	Oberdiessbach–Aebersold–Chuderhüsi–Eggiwil	5 Std. 20 Min.	134
63	Oberdiessbach–Heimenschwand–Oberei–Schangnau	6 Std. 50 Min.	136
64	Oberdiessbach–Brenzikofen–Steffisburg	3 Std.	139
65	Brenzikofen–Lueg–Schwarzenegg	2 Std. 40 Min.	141
66	Steffisburg–Heimenschwand–Röthenbach	4 Std. 30 Min.	142

Münsingen und Umgebung

67	Münsingen–Schlosswil–Biglen	2 Std. 40 Min.	145
68	Münsingen–Ballenbüel–Grosshöchstetten	2 Std. 25 Min.	147
69	Münsingen–Häutligen–Oberdiessbach	2 Std. 25 Min.	148
70	Münsingen–Kiesen–Thun	4 Std. 10 Min.	150
71	Rubigen–Trimstein–Grosshöchstetten	2 Std. 25 Min.	152

Worb und Umgebung

72	Worb–Utzigen–Krauchthal–Burgdorf	5 Std.	154
73	Worb–Mänziwilegg–Oberburg	4 Std. 25 Min.	157
74	Worb–Schlosswil–Grosshöchstetten	2 Std. 10 Min.	159
75	Worb–Ballenbüel–Konolfingen	2 Std. 45 Min.	161
76	Vechigen–Ätzrüti–Bigenthal	2 Std. 20 Min.	163
77	Boll–Wägesse–Lützelflüh	3 Std. 20 Min.	165
78	Krauchthal–Wasenegg–Hasle-Rüegsau	2 Std. 40 Min.	167

Stationen des öffentlichen Verkehrs werden mit folgenden Symbolen vermerkt:

🚆 Bahnstation   🚌 Bus- oder Poststation

Legende zu den Routenprofilen:

🏘 Stadt oder Dorf   ⛺ Gasthaus, Klubhütte   🌲 Wald

🏠 Weiler   🏰 Schloss   🗿 Denkmal

▪ Einzelgebäude   🏚 Ruine   ☆ Aussichtspunkt

▶ **Hornussen und Schwingen beherrschen die bäuerliche Sportszene im Emmental. Hart und geschmeidig wie Schwinger sind auch die Namen der verschiedenen Griffe: «Schlungg, Lätz, Brienzer, Churze». Schwingfest in Trub.**

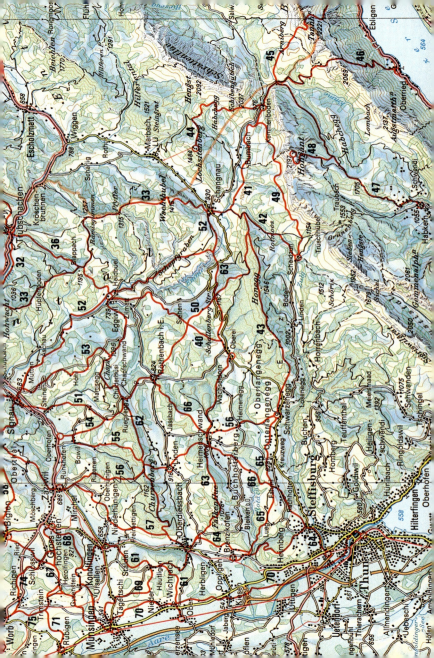

1 Wynigen–Schwanden–Lueg

Kurzer Aufstieg von Norden zum Luegdenkmal. Teilstücke auf Hartbelag.

Route	Höhe in m	Hinweg	Rückweg
Wynigen 🚂 🚌	527	–	1 Std. 25 Min.
Schwanden	678	45 Min.	50 Min.
Vorder Hofholz	702	1 Std.	40 Min.
Leumberg	799	1 Std. 15 Min.	25 Min.
Lueg/Wirtschaft 🚌	838	1 Std. 40 Min.	10 Min.
Lueg/Denkmal	887	1 Std. 50 Min.	–

Von der Station *Wynigen* (S. 172) zur Kirche und zum Dorfbrunnen. Am Gasthaus zur Linde vorüber auf der ansteigenden Luegstrasse dorfauswärts. Beim obersten Bauernhaus links steht der wappenbemalte Schärerspeicher. In der Strassenkrümmung geradeaus und an hübschen Wohnsitzen vorbei zum Wald hinauf. Rechts vom Weg steht die Säule mit dem Modell des Planeten Pluto, Endpunkt des von Burgdorf hierher führenden Planetenweges (Route 3).
Blick über das Dorf zum Jura und über den Kappelengraben zum hochragenden Oberbüelchnubel. Durch einen tiefen gewundenen Hohlweg gewinnt man den obern Rand des Winiholzes, wandert auf weichem Feldweg über die ebenen Matten und Äcker des Kreuzwegackers, kreuzt bei Pt. 664 den breiten Fahrweg und ersteigt auf einem Grasweg das Plateau vor dem nächsten Gehölz. Schöner Blick ins Herz der waldverbrämten Wynigenberge. Am Waldrand geradeaus und durch einen Hohlweg leicht bergab. Rechts im Wald stand einst die Burg Schwanden.
Durch eine Obstbaumallee zu den nahen Höfen von *Schwanden*. Von hier an steht für eine Viertelstunde nur die Luegstrasse zur Verfügung, die bei der Käserei *Hofholz* ziemlich ansteigt. 200 m oberhalb der Käserei zweigt ein Feldweg nach links ab, der sich am Waldrand sachte aufwärtszieht und sich als Fussweg parallel zur Strasse fortsetzt. Stattliche Höfe stehen auf dem

◀ **Einsame Gehöfte, blühende Obstbäume, vom Vieh zertretene Alpen und als markante Orientierungshilfe die Linde auf dem höchsten Punkt des Hügels: Emmental, wie es auch heute noch häufig an Wanderwegen anzutreffen ist. Bei Eriswil.**

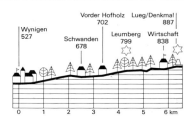

Burgdorf und Umgebung

runden Hügelrücken gegen Kaltacker hinüber, darüber in der Ferne der Bantigerturm. Blick über ein Meer von Wäldern gegen das Fraubrunnenamt und zu Bucheggberg und Jura. Kurze Zeit geht es durch den Wald, worauf man für einige Schritte die Strasse betritt, um vor den Höfen von *Leumberg* den rechts abzweigenden Feldweg einzuschlagen, der zur Hügelkuppe Pt. 799 ansteigt. Wie eine offene Landkarte liegt das waldreiche Vorgelände gegen das Wasseramt und die Ebene der untern Emme ausgebreitet, während der langgezogene Jurawall das herrliche Bild umrahmt. An seinem Fuss ist Solothurn zu erkennen. Gegen Süden wird das Luegdenkmal sichtbar.
Leicht abwärts in die Luegstrasse, die sich dem Saum des Diebstuwaldes entlangschlängelt. Bei der Einmündung in die Strasse Burgdorf–Affoltern (Pt. 798) geradeaus aufwärts in den Wald und oberhalb der Strasse durch eine Hohle zum obern Waldausgang, wo die Route von Burgdorf einmündet. Im Weiterschreiten über die Wasserscheide schöner Blick über den Kappelengraben zum markanten Oberbüelchnubel.
Von der *Wirtschaft Lueg* (nach Burgdorf 🚂 1 Std. 40 Min., nach Heimiswil 🚌 50 Min.) auf der Strasse zum nahen Parkplatz unter dem *Luegdenkmal* und steil zu diesem empor.

2 Burgdorf–Hueb–Wynigen

Lohnende Wanderung durch das hügelige Gebiet längs des Wynigentals. Wenig Hartbelag.

Route	Höhe in m	Hinweg	Rückweg
Burgdorf 🚂 🚌	533	–	2 Std. 35 Min.
Wynigebrügg	538	10 Min.	2 Std. 25 Min.
Sommerhaus	580	30 Min.	2 Std. 10 Min.
Hueb	675	55 Min.	1 Std. 45 Min.
Bickigen	537	1 Std. 30 Min.	1 Std.
Jumpfereblick	615	2 Std. 10 Min.	25 Min.
Wynigen 🚂 🚌	527	2 Std. 25 Min.	–

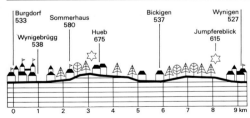

Das Wahrzeichen Burgdorfs, die 1175 erstmals erwähnte Zähringer Feste. Das Schloss beherbergt Bezirksämter und reiche historische Sammlungen (Routen 2 bis 6).

Vom Bahnhof *Burgdorf* (S. 169) durch Post- und Gotthelfstrasse zur Wynigenstrasse und durch die Allee zur *Wynigebrügg*. Weiter zum *Sommerhaus* und durch die steile Leuenhohle hinauf zum aussichtsreichen Waldrand bei Egge (Ruhebänke). Nun aber, die Luegroute verlassend, auf der Strasse zu den Höfen von *Hueb* hinunter. Zwischen diesen senkt sich der Weg über die weite Feldterrasse gegen den Weidwald. Nach dessen Durchquerung auf grasigem Weg über die Huebweid zum Waldsaum am Rand des Wynigentals. Für den Abstieg über den steilen Waldhang wählt man den nach links ausholenden Weg und betritt nahe der Bahnlinie den Talboden. Das hier vorbeifliessende Bächlein ist die junge Oesch.

Das Wynigental ist ein Trockental, das keinen durchgehenden Bachlauf besitzt. Es verdankt seine Entstehung der Emme, die zur Zeit, als der Rhonegletscher bei Burgdorf lag, in ihrem Lauf gehemmt, dort einen See bildete. Aus diesem floss sie, durch das Schmelzwasser des Gletschers vergrössert, nordöstlich ab und wusch dieses Tal aus. Schon zur Römerzeit führte die sogenannte Kastenstrasse durch das Tal, die Bern über Krauchthal–Burgdorf–Thörigen mit Vindonissa verband.

Vom nahen Hof Matten führt ein Grasweg zur Bahnlinie hinüber. Dieser folgt man bis zum Teersträsschen, das am ersten Hof von *Bickigen* (nach Kaltacker 🚋 50 Min.) vorbei an den Eingang des Chänerechtälchens führt. Über den Chänerechbach, der bei Niederösch in die Ösch mündet, und auf guter Waldstrasse durch eine steile Hohle in den lichtvollen Hirserenwald hinauf. Hübscher Durchblick gegen Kaltacker. Nach kurzem Anstieg mühelos durch den prächtigen Wald dem Winiholz zu. An den Gabelungen jeweils nach links, bis man auf die freie Anhöhe des *Jumpfereblicks* hinaustritt, unmittelbar über Wynigen mit seinem hübschen Kirchturm. Weiter Ausblick über reich bewaldetes Hügelland zum Jura.

Mit Blick zum markanten Oberbüelchnubel auf rechts ausholendem Weg am Wald abwärts und steil zum Dorfrand hinunter. Bei der Kirche erreicht man die Dorfstrasse. Nach links zur Station *Wynigen* (S. 172).

3 Burgdorf–Kaltacker–Wynigen

Planetenweg. Studienweg über Grössenverhältnisse im Weltall. Landschaftlich reizvoll. Teilstück auf Hartbelag.

Route	Höhe in m	Hinweg	Rückweg
Burgdorf 🚂 🚌	533	–	2 Std. 50 Min.
Waldeggbrügg	540	15 Min.	2 Std. 35 Min.
Sonnenmodell	653	40 Min.	2 Std. 25 Min.
Kaltacker 🚌	706	1 Std. 40 Min.	1 Std. 25 Min.
Wynigen 🚂 🚌	527	2 Min. 50 Min.	–

Vom Bahnhof *Burgdorf* (S. 169) durch Post-, Gotthelf- und Wynigenstrasse zur gedeckten Holzbrücke über die Kleine Emme. Nun auf dem verkehrsfreien Schützenweg zum Pestalozzischulhaus und quer über den Platz zwischen Hallen- und Freibad zum Emmedamm. Auf diesem zur *Waldeggbrügg*. Diese überschreiten und nach rechts in die steile Waldegghohle. An ihrem obern Ausgang nach links und durch die Binzberghohle weiter bergan, die bei Pt. 653 auf das Plateau des Binzbergs ausmündet. Hier beginnt das auf eine Strecke von 6 km verteilte Freilichtmodell des Sonnensystems

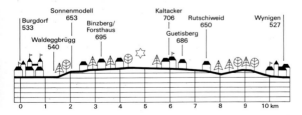

Burgdorf und Umgebung

(1973 erstellt von der Astronomischen Gesellschaft Burgdorf), das einen Begriff über die Grössen- und Distanzverhältnisse im Sonnensystem vermittelt. Es zeigt im Massstab von 1:1 Milliarde die Grösse der Sonne und der Planeten sowie deren Entfernung von der Sonne und verweist auf den kleinen Raum, den das Sonnensystem in der unermesslichen Weite des Weltalls einnimmt. Es beginnt mit dem Modell der *Sonne,* das einen Durchmesser von 1,4 m aufweist. Darauf folgen in massstäblich dem Weltall entsprechenden Abständen und Grössen, auf Betonpfähle montiert, die winzigen Modellkügelchen der Planeten Merkur, Venus, Erde und Mars. Jedem Modell ist eine aufschlussreiche Tabelle beigegeben. Im Wald, kurz vor dem *Forsthaus Binzberg,* steht der Jupiter, vor Ober Rüglen Saturn mit seinen Ringen, und auf der Egg der Uranus.

Von der Strassengabelung beim Schulhaus *Kaltacker* etwa 5 Min. auf der etwas unübersichtlichen Verkehrsstrasse nach links, dann auf dem nächsten Teersträsschen nach rechts zur Hofgruppe *Guetisberg* hinunter. Hier nach rechts zur breiten Hügelkuppe hinauf und dort auf dem Feldweg nach links. Der Blick erfasst den Jurawall vom Chaumont bis zur Roggenflue und rechterhand den markanten Oberbüelchnubel. Bei der Ruhebank links hinunter ins geteerte Güterstrasschen und an dessen Gabelung rechts zum Gehöft *Rutschiweid,* wo der Neptun steht.

Auf dem Feldweg nach links abwärts und am Waldsaum in das waldumschlossene verträumte Wiesentälchen des Chänerechbachs hinunter. Kurz bachaufwärts, dann im Gegenhang schräg nach links in den Wald empor. Das wohltuend natürliche Tälchen erfreut dabei Herz und Auge. Oberhalb einer waldumsäumten Weide hübscher Rückblick über den Graben zur Rutschiweid. Am Südrand des Hirserenwaldes auf der nach rechts aufsteigenden Forststrasse bis zum Wegdreieck kurz vor der Höhe. Dort schlüpft neben einem mächtigen, in Kalifornien beheimateten Mammutbaum ein schmaler Weg in den Wald und mündet am östlichen Saum in die markierte Route Wynigen–Lueg. Auf holprigem Hohlweg durch das Winiholz hinunter.

Im Abwärtsschreiten vom Waldausgang gegen Wynigen grüsst jenseits des Kappelengrabens der Oberbüelchnubel, der vielbesuchte Aussichtspunkt in den Wynigenbergen. Vor den ersten Häusern steht der Pluto, der am weitesten von der Sonne entfernte Planet. Wollte man im Massstab des Planetenweges das Modell des nächsten Fixsterns Proxima centauri aufstellen, so müsste dieses in einer Entfernung von rund 40 000 km stehen, d. h. der Wanderweg müsste um die ganze Erde herum verlängert werden.

Auf der Luegstrasse erreicht man beim Gasthof zur Linde die Dorfstrasse von *Wynigen* (S. 172). An der schmucken Kirche vorüber zur Station. (An den Bahnschaltern von Burgdorf und Wynigen ist ein interessanter Führer über den Planetenweg erhältlich.)

4 Burgdorf–Lueg–Affoltern i. E.

Abwechslungsreicher Aufstieg zum Heiligenlandhubel (Lueg), der die umfassendste Aussicht im Unteremmental bietet. Teilstücke auf Hartbelag.

Route	Höhe in m	Hinweg	Rückweg
Burgdorf 🚂 🚌	533	–	2 Std. 40 Min.
Wynigebrügg	538	10 Min.	2 Std. 30 Min.
Sommerhaus	580	30 Min.	2 Std. 15 Min.
Sunnbergweid (Pt. 728)	728	1 Std.	1 Std. 55 Min.
Kaltacker 🚌	711	1 Std. 25 Min.	1 Std. 30 Min.
Gärstler	727	1 Std. 35 Min.	1 Std. 20 Min.
Lueg/Wirtschaft 🚌	838	2 Std. 10 Min.	1 Std.
Lueg/Denkmal	887	2 Std. 20 Min.	50 Min.
Junkholz	828	2 Std. 35 Min.	30 Min.
Affoltern/Dorf 🚌	801	3 Std.	–

Vom Bahnhof *Burgdorf* (S. 169) durch Post- und Gotthelfstrasse in die Wynigenstrasse und durch diese zur gedeckten Holzbrücke über die Kleine Emme. Dieses Denkmal der Zimmermannskunst stammt aus dem 18. Jh. und dient heute dem Fussgänger.
Durch die Allee längs der Schützenmatte, dem Festplatz von Burgdorf, zur *Wynigebrügg*. Rechts ragen die vier Gysnauflüe als landschaftliches Wahrzeichen Burgdorfs steil über die Emme empor. Ein einzigartiger Spazierweg, nach dem früheren Oberförster Alfred-Dür-Weg genannt, macht dem Fussgänger die Flühe mit ihren reizenden Ausblicken zugänglich.
Jenseits der Wynigebrügg zweigt der sanft ansteigende Kapellenweg ab, der zu zwei Baudenkmälern führt, der Bartholomäuskapelle, die aus dem Jahr 1445 stammt und ihren Namen vom Schutzheiligen der Aussätzigen hat, und dem Siechenhaus, das diesen einst ausserhalb der Stadt Obdach gewährte. Dieses wurde 1472 erbaut und steht unter Bundesschutz.
Am gegenüberliegenden Waldrand liegt das Innere Sommerhaus, der einzige erhaltene Landsitz Burgdorfs aus dem 18. Jh., im Barockstil erbaut.

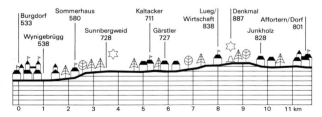

Gotthelf war oftmals hier zu Gast. Dieses Herrenhaus mag ihm im «Erdbeeri-Mareili» vorgeschwebt haben.
Vom alten Schwörstein, wo einst die aus der Stadt Verbannten schwören mussten, dieselbe nie mehr zu betreten, rechts aufwärts in den Wald und auf dem herrlichen Schattenweg zum Restaurant *Sommerhaus,* einem von altersher beliebten Ausflugsziel der Burgdorfer. Gotthelf spottet: «Das Sommerhausbad, in welchem die Burgdorfer seit mehr als hundert Jahren sich weiss zu waschen versuchen und es doch nie zustandebringen.»
Gegenüber dem Parkplatz wieder in den Wald und über eine Holztreppe zum Eingang der Leuenhohle, einem tief eingeschnittenen steilen Sandsteinhohlweg, durch den man den Höhenzug zwischen dem Wynigental und dem Heimiswiltal gewinnt.
Oben am Waldrand, gegenüber Eggen, sind vor der prächtigen Aussicht Bänke aufgestellt. In sanften Waldwogen fällt das Hügelland gegen die Ebene der untern Emme und das Wasseramt ab. Hinter den Rauchfahnen der Fabriken an der Emme und dem flachwelligen Fraubrunnenamt dehnt sich der dunkle, lange Rücken des Bucheggbergs vor dem wuchtig aufgebauten Jurawall, an dessen Fuss die Stadt Solothurn zu erkennen ist. Bald gelangt man zur Waldecke von *Sunnbergweid* (Pt. 728), wo die Route von der Waldeggbrügg her einmündet. Das geteerte Strässchen schlängelt sich über die aussichtsreiche Egg und fällt durch eine Buchenhohle zum alten Schulhaus *Kaltacker* (1776; nach Wynigen 🚂 1 Std. 10 Min.). Auf der Luegstrasse an der Post und am schmucken Gasthof vorbei bis zur Waldecke, dann auf steilem Fussweg in den Wald hinauf. Oben nach links in die Waldstrasse, die zum nahen Hof *Gärstler* (nach Heimiswil 🚌 25 Min.) führt. Hier steht die als Naturdenkmal geschützte Gärstlereibe. Schönes Bauernhaus von 1689 und Speicher von 1741.
Das geteerte Strässchen schlängelt sich zu den Höfen der Heimismatt hinüber und steigt durch den Rain zur Luegstrasse. Auf dieser 100 m bergwärts, dann auf weichem Fussweg am Wald aufwärts in einen lauschigen Waldwinkel. Hier und schon vorher prächtiger Ausblick in das Heimiswiltal, an dessen Hang zahlreiche Höfe das Auge erfreuen.
Nun erklimmt ein Zickzackpfad den steilen Waldhang. Auf der Höhe zum Waldausgang und auf weichem Grasweg über die Egg geradeaus. Prächtiger Blick über den Kappelengraben zum Oberbüelchnubel, dem hervorragenden Aussichtspunkt in den Wynigenbergen. Ein Wäldchen streifend, wo eine windgeschützte Ruhebank steht, zur *Wirtschaft Lueg* (nach Heimiswil 🚌 1 Std.) hinüber. Auf der Strasse zur nahen Passhöhe, dann links zum Fuss des Heiligenlandhubels (Parkplatz) und steil zum *Lueg-Denkmal* hinauf.
Vom Denkmal flach durch den Luegwald und am sonnseitigen Saum zur

Hornusserhütte, dann auf dem Teersträsschen hinunter zu den Höfen von *Junkholz* (nach Häusernmoos 🚌 50 Min.) und weiter abwärts in die Luegstrasse. Auf dieser am Hof Schnabel vorüber bis zum nahen Wäldchen. An dessen Nordsaum steigt ein teppichweicher Fussweg zur breiten Hochebene der Weid und mündet in das von Eggerdingen aufsteigende Teersträsschen. Auf diesem ins nahe Dorf *Affoltern* (S. 169).

5 Burgdorf–Rüegsbach–Sumiswald

Diese interessante Querroute verbindet die Emmestadt mit einem der schönsten Dörfer des Emmentals und berührt die Aussichtshöhen Rachisberg und Schufelbüelegg. Mehrere Teilstücke auf Hartbelag

Route	Höhe in m	Hinweg	Rückweg
Burgdorf 🚂 🚌	533	–	3 Std. 35 Min.
Heimiswilbrügg	546	25 Min.	3 Std. 10 Min.
Busswil	638	1 Std.	2 Std. 40 Min.
Rachisberg	852	1 Std. 35 Min.	2 Std. 20 Min.
Rüegsbach 🚌	617	2 Std. 10 Min.	1 Std. 30 Min.
Schufelbüelneuhus	789	3 Std.	55 Min.
Sumiswald-Grünen 🚂	662	3 Std. 40 Min.	–

Vom Bahnhof *Burgdorf* (S. 169) durch Post-, Gotthelf- und Wynigenstrasse zur Holzbrücke über die Kleine Emme. Nun auf dem Schützenweg zum Pestalozzischulhaus, dann hinüber zum Emmedamm und auf diesem zur Waldegg- und zur *Heimiswilbrügg*. Diese überschreiten und am Eingang des AMP vorüber zur nahen Ziegelei. Eine solche wird bereits um 1540 erwähnt, möglicherweise unterhielten aber schon die Römer hier einen Brennofen.

Über den Heimiswilbach zum Ziegelgut und auf dem zweiten Strässchen bergan bis zum Rank gegenüber den Häusern von Bättwil. Dieser Name

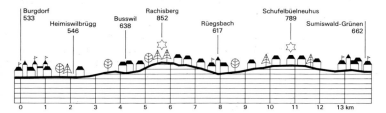

geht auf den ersten alemannischen Ansiedler Betto zurück. Hübscher Rückblick zur Oberstadt mit der Stadtkirche und zum Jura. Nun auf weichem Grasweg nach links, nach 70 m steil nach rechts rainaufwärts und am Waldsaum zur Höhe. Schöner Blick zu den Bergen und auf Oberburg mit der Rothöchi. (Von hier am Wald noch weiter steil aufsteigend, gelangt man zur Riedegg, einem schönen Aussichtspunkt mit Tisch und Bänken, und kann von dort über Brachacker nach Busswil gelangen.)
Die normale Route biegt am Gehöft Goldschür vorüber in den Hang des Lochbachtälchens ein. Einer Kirschbaumreihe entlang hinunter ins Herz des Tales mit den breitfirstigen Höfen von *Busswil* (nach Hasle-Rüegsau 🚂 1 Std. 10 Min., nach Heimiswil 🚌 50 Min.).
Am Schulhaus vorbei zum Strassenrank, von dort auf dem Fahrweg geradeaus ansteigend zum Hof Steinacher und weiter zum Chaltenbrunnenwald. Links dem Waldrand entlang, dann rechts steil durch den Wald bergan, bis man beim Bänklein auf dem prächtigen Aussichtspunkt *Rachisberg* (nach Heimiswil 🚌 45 Min., nach Hasle-Rüegsau 🚂 1 Std.) ins Freie tritt. Umfassender Blick über die Höhen des Emmentals zu den Bergen.
Nun auf der Luegroute etwa 5 Min. am Rachisberghof vorbei dem sonnigen Waldrand entlang bis zur Gabelung, dann durch einen Waldzipfel rechts abwärts nach Grueben. Auf ebenem Hangsträsschen nach links zum Hof Almisberg und mit schönem Talblick hinunter nach Schmidberg. Von hier führt ein steiler Fussweg, ein Wäldchen streifend, nach *Rüegsbach* (S. 171) hinunter. Rechts um das Gasthaus herum und steil hinauf zum Kirchlein. Auf Asphalt am Friedhof vorüber und an der Gabelung nach links dem hohen Waldufer des Ibachs entlang, dann rechts durch den Wald am Jöggelishus vorüber und durch den Feldrain zu den Höfen von Burkhalten hinauf. Am obersten Stall vorbei auf den Feldweg, der gemächlich zum Schribershuebwald ansteigt. Am Waldeingang nach links in den Graben zu einer Kiesgrube, dann auf einem Zickzackweglein über den steilen Waldhang empor. Oben nach links und den Bachgraben umschreitend zum obern Waldausgang und hinauf nach Schribershueb. Durch die Hofgruppe auf das Strässchen, das sachte zum nächsten Wäldchen aufsteigt, wo es in die vom Eggschulhaus herkommende Asphaltstrasse mündet. Auf dieser zur nahen Wegkreuzung (Pt. 789) bei *Schufelbüelneuhus* (nach Affoltern 🚌 1 Std. 15 Min., nach Lützelflüh 🚂 1 Std.). Prächtiger Blick in den Rüegsbachgraben mit den vielen Höfen, auf Schloss Trachselwald, zur Lüderenalp und zu den Bergen. Nach rechts zum prächtigen Hof, dann am Hof Buechacher vorbei zum Waldrand (Pt. 788). Nun südwärts zur nahen Weggabelung. Hier links halten. Beim Hof Scherlenbach tritt man aus dem Walde und hat unvermittelt das stattliche Dorf *Sumiswald* (S. 171) mit seiner schönen Kirche vor sich.

Burgdorf und Umgebung

6 Burgdorf–Lützelflüh–Langnau i. E.

Uferwanderung an Emme und Ilfis. Hartbelag nur im Siedlungsbereich.

Route	Höhe in m	Hinweg	Rückweg
Burgdorf 🚂 🚃	533	–	5 Std.
Heimiswilbrügg	546	25 Min.	4 Std. 35 Min.
Lochbachbrügg	555	40 Min.	4 Std. 20 Min.
Rüegsauschachen/Brücke (Hasle-Rüegsau 🚂 🚃)	570	1 Std. 20 Min.	3 Std. 40 Min.
Lützelflüh/Brücke 🚂 🚃	588	2 Std.	3 Std.
Ramsei/Grüenesteg 🚂	593	2 Std. 35 Min.	2 Std. 25 Min.
Zollbrück 🚂	626	3 Std. 35 Min.	1 Std. 25 Min.
Neumühle 🚂	634	4 Std.	1 Std.
Obermatt	648	4 Std. 20 Min.	40 Min.
Langnau i. E. 🚂 🚃	673	5 Std.	–

Vom Bahnhof *Burgdorf* (S. 169) durch Post-, Gotthelf- und Wynigenstrasse zur gedeckten Holzbrücke über die Kleine Emme. Nun auf dem verkehrsfreien Schützenweg zum Pestalozzischulhaus und quer über den Platz zwischen Hallen- und Freibad zum Emmedamm.
Auf diesem zur nahen Waldeggbrügg und weiter zur *Heimiswilbrügg*. Diese überschreiten und auf dem rechtsufrigen Dammweg durch den Schachenwald. Links Truppenunterkunft und Werkanlagen des AMP, die sich bis zur *Lochbachbrügg* erstrecken. Von dort auf dem Dammweg weiter dem Wald entlang durch den Winterseischachen. Links das Lochbachbad, das auf 1670 zurückgeht und im 18. Jh. das grösste Kurbad des Emmentals war. Heute Gasthof. Der Schachenwald, in den der Weg nun einbiegt, ist mit seinem dichten Unterholz ein Vogelparadies und mit einem Betretverbot belegt. Ein Stück weit benützt man den Fahrweg, kommt in der Wintersei an der ARA vorüber und benützt nachher mit Vorteil den Fussweg auf dem Damm, auf dem man bald zur alten gedeckten Holzbrücke *Kalchofen* ge-

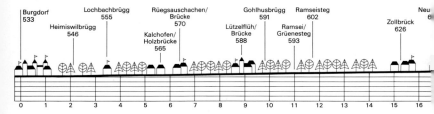

langt. Auf der Strasse über den hier in die Emme mündenden Rüegsbach und wieder auf dem Dammweglein dem westlichen Dorfteil von *Rüegsauschachen* entlang zur Betonbrücke, die nahe der Station Hasle-Rüegsau die Dörfer Rüegsauschachen und Hasle verbindet.
Über Treppenstufen zur Fortsetzung des rechtsufrigen Dammweges. Beim Emmesteg schwenkt man in den Schachenwald ab, da der Dammweg schlechter wird und zudem durch die Gefahrzone des Schiessstandes Lützelflüh führt. Der Waldweg ist besser und nicht gefährdet. Halbwegs zwischen Rüegsauschachen und Lützelflüh befinden sich links am Fuss des bewaldeten Schlossberghanges die alte Brandismühle und die Zehntenscheune, die zum Schloss Brandis gehörten. Dieses stand darüber auf steilem Bergsporn und war eines der stolzesten im Bernerland.
Oberhalb des Schiessstandes verlässt der Weg den Wald, und bald ist die Emmenbrücke erreicht, nahe bei der Kirche von *Lützelflüh* (S. 170) und den Gotthelfstätten. Auf dem weichen Dammweg dicht dem Sportplatz und dem Schwimmbad entlang und am Rand des Schachenwaldes zum Bahndamm. Diesem folgen und unter der Bahnbrücke durch zur gedeckten *Gohlhusbrügg*. Diese überschreiten und vom rechten Brückenkopf auf dem rechtsseitigen Emmedamm durch den Schachenwald. Bald gelangt man zur Grüene, nahe ihrer Mündung in die Emme. Den nahen *Grüenesteg* überqueren und auf schönem Weg gegenüber der Station Ramsei durch den Schachenwald zum *Ramseisteg*. Auf schmalem Weglein innerhalb des Ufergehölzes weiter. Ein Stück weit bleibt am Bahndamm gerade noch genug Raum für den Fussweg. Bahn und Strasse sind hier zwischen der Wannenflue und der Emme eingezwängt. Später hat man im Wald die Wahl zwischen Damm- und Waldweg in Ufernähe. Ein hübscher Rastplatz lädt ein. Vom Ranflühsteg an begeht man ein angenehmes Fahrsträsschen. Nach dem Zurückbleiben des Waldes ruht der Blick auf der waldverbrämten rechten Talseite mit den vielen stattlichen Höfen. Noch einmal liegt ein Rastplatz am Weg, dann erreicht man die Häusergruppe bei der Station *Zollbrück* (S. 172). Bei der Brücke schlägt man den Fussweg ein, der zwischen dem Fluss und den riesigen Holzstapeln verläuft. Einer Häuserzeile entlang zur Brücke nahe der Haltestelle *Neumühle*. Einmal am Saum, dann wieder im Wald, parallel zur Bahnlinie, vom Rauschen der Emme begleitet, zur SBB-Brücke der Linie Bern–Luzern am Zusammenfluss von Ilfis und Emme. Am Ilfisufer zur gedeckten Brücke bei *Obermatt*, die man überquert, um auf dem linksseitigen guten Uferpfad zur Ilfisbrücke in Langnau zu wandern. Schöner Blick gegen die waldigen Höhen um die Hohwacht. Beim Restaurant Ilfisbrücke durch die Schmiedenstrasse und den Hohgantweg zum Personendurchgang am Bahnhof *Langnau* (S. 170).

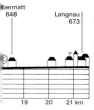

7 Burgdorf–Hasle–Lützelflüh

Reizvolle Wanderung an der linken Flanke des Emmentals und anschliessend Uferwanderung ins Gotthelfdorf. Hartbelag im Siedlungsbereich.

Route	Höhe in m	Hinweg	Rückweg
Burgdorf–Steinhof 🚂 🚌	544	–	2 Std. 25 Min.
Oberburg/Kirche	556	25 Min.	2 Std.
Unter Oschwand	613	1 Std.	1 Std. 25 Min.
Hasle-Rüegsau 🚂 🚌	571	1 Std. 40 Min.	40 Min.
Lützelflüh–Goldbach 🚂 🚌	582	2 Std. 20 Min.	–

Von der Station *Steinhof* durch die Zähringerstrasse an Berufsschulhaus, Sportzentrum und Spital vorüber zum Pleerweg, der ziemlich steil zur Waldecke steigt. Dort schöner Blick auf die Stadt mit den Flühen und gegen die Waldhöhen um das Heimiswiltal. Nun auf weichen Wegen, die sich kurzweilig um die Hangwölbungen schlängeln, gegen Oberburg. Blick über das Emmental zu Schrattenflue und Hohgant und bei guter Sicht zu den Hochalpen. Rechts oben das Ausflugsrestaurant Rothöchi. Durch den Schönenbüelweg zur Kirche *Oberburg* (S. 171, nach Oberburg 🚂 10 Min.).

«Den Guten immer offen» besagt die lateinische Inschrift am Eingang des Pfarrhauses, an dem vorüber man durch die Kirchgasse weiterwandert, die in die Krauchthalstrasse mündet. Dieser dorfeinwärts folgen bis zur Käserei, dann nach rechts durch die Schwandgasse zum alten Stöckerenschulhaus. Nur kurz auf der Oschwandstrasse, dann auf dem steilen Leimerenweg bergan zur Weggabel dicht unter dem Wald. Einblick ins Fonstälchen, dessen Name von Fons=Quelle herrührt und römischen Ursprungs ist. Nun nach links und auf angenehmem Feldweg über die weite Feldterrasse, wo sich ein umfassender Ausblick nach Süden bietet. Durch die idyllische Gebäudegruppe des Hofes Stalden an die nach Ober Oschwand aufsteigende Strasse, diese kreuzen und auf ebenem Teersträsschen geradeaus, an das sich in schöner Lage die Höfe von *Unter Oschwand* reihen. Am Linksrank nach dem letzten Hof auf ebenem Feldweg geradeaus zur Hangwölbung

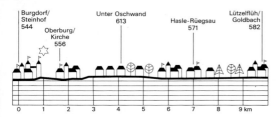

und auf Wegspur zur nahen Waldecke. Bereits erspäht man die Kirchen von Hasle und Lützelflüh. Ein vergraster Fussweg führt am Waldsaum zum Hof Lueg, wo ein Hangsträsschen beginnt, das kurz am Wald, dann vor dem weiten Raum des Emmentals auf freier Terrasse verläuft und sich darauf durch die Hofgruppe Unter Nollen (Nollen = Häuser an einem Hügel) senkt. Nun auf Asphalt an der Käserei vorüber zum Gasthof Kreuz am Eingang des Biembachgrabens und dorfeinwärts zur schmucken Kirche von Hasle (S. 169). Nun auf stillem Nebensträsschen zum Fuss des bewaldeten Terrassenabfalls und an der Eisbahn vorüber zum Bahnviadukt. Über die Treppe auf den Perron des Bahnhofs *Hasle-Rüegsau*. Zur Fortsetzung der Wanderroute gelangt man, indem man die originell bemalte Unterführung durchschreitet und sich über die nahe Emmebrücke ans rechte Ufer begibt.

Hier über die Treppe und auf dem Dammweg bis zum Hängesteg. Diesen überschreiten und längs der Fabrikanlagen auf das Strässchen, das sich zwischen Emme und Bahn durch die Emmenau zieht. Nach einigen Minuten überquert man ein Wehr und wendet sich sogleich dem Fussweg zu, der sich nahe dem Ufer durch den Schachenwald zieht.

▶ **Der Name Lützelflüh ist eng mit Jeremias Gotthelf verknüpft.** Hier, wo er von 1832 bis 1854 als Pfarrer amtete, schuf Gotthelf seine Werke. Der Uelibrunnen von A. Huggler beim Primarschulhaus, darstellend die Hauptfigur aus den Gotthelf-Romanen «Ueli der Knecht» und «Ueli der Pächter» (Routen 6, 7, 11 bis 13 und 77).

Burgdorf und Umgebung

Von der Kanalbrücke weg begeht man den Fahrweg, der gegenüber dem ersten Haus des Unterdorfs von Lützelflüh zum Waldausgang schwenkt. Auf der Strasse gegen die hohen Silos bis zum «Gässli», das zur nahen Station *Lützelflüh-Goldbach* führt. Wer die Gotthelfstätten aufsuchen möchte, folgt dem Fussweg des Vita-Parcours bis zur Brücke zwischen Unter- und Oberdorf. Über Lützelflüh S. 170.

8 Burgdorf–Zimmerberg–Krauchthal

Durch stille Wälder und über aussichtsreiche Höhen. Grössere Teilstücke auf Hartbelag.

Route	Höhe in m	Hinweg	Rückweg
Burgdorf–Steinhof 🚆	544	–	2 Std. 20 Min.
Farnerechrütz	645	20 Min.	2 Std.
Schuepisse	622	1 Std.	1 Std. 25 Min.
Zimmerberg	714	1 Std. 25 Min.	1 Std. 05 Min.
Hunsperg	705	2 Std.	30 Min.
Krauchthal 🚌	582	2 Std. 20 Min.	–

Von der Station *Burgdorf–Steinhof* durch die Zähringerstrasse am Berufsschulhaus vorbei zum Obertalweg, der an schönen Wohnsitzen vorüber ins waldumschlossene Wallensteintäli hineinführt. Dieser Name geht auf Schillers «Wallenstein» zurück, der hier vor vielen Jahren im Freien aufgeführt wurde. Durch die steile Köhlplatzhohle über den Waldhang von Vorderpleer hinauf. Der einstige Köhlerplatz befand sich am breiten Querweg, kurz bevor man zur Rothöchistrasse gelangt, die man kreuzt, um zum *Farnerechrütz* aufzusteigen, einer lauschigen Lichtung mit Ruhebank. Von dem hier schräg nach links fallenden Weg zweigt nach wenigen Schritten ein steil zur Farnerestrasse fallender Fussweg ab, der sich in gleicher Richtung fortsetzt,

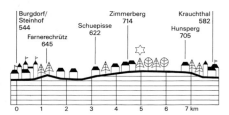

wobei der Rohrmis-Chilchweg gekreuzt wird. Dieser Name erinnert daran, dass das Dörfchen Rohrmoos politisch und kirchlich zu Oberburg gehört. Auf breitem Fahrweg tritt man beim Gehöft Ganseren aus dem Wald. Dem sonnigen Rain entlang auf dem Ganserenweg leicht abwärts zur Talstrasse. Auf dem Trottoir längs einer Sandsteinwand nach links und beim nächsten Haus über die Strasse zum Wiesenpfad, der durch die Talebene zum Mattenhof hinüberführt. Links oben ragt die graue Rappenflue aus dem Waldhang. Es sind die Raben (früher «Rapp» genannt), nicht etwa schwarze Pferde, die ihr zum Namen verhalfen. Einst bewachte wohl eine römische Warte den Talausgang, vielleicht stand dort auch die mittelalterliche «obere Burg».
Auf der Zimmerbergstrasse zur nahen, ebenfalls geteerten Schupposenstrasse, die sich steil nach *Schuepisse* emporwindet. Beim Schulhaus bietet sich ein hübscher Ausblick gegen Oberburg. Mit Schuppose bezeichnete man ein kleines Bauerngut, eine Viertelhube gross. Eine Hube umfasste die Hälfte eines alemannischen Hofes.
Nun auf ebenem Weg weiter. Am Rank vor dem Wald auf dem grasigen Feldweg dem Rain entlang geradeaus und kurze Zeit dem Waldrand folgend vor dem Hof Althus wieder in die Zimmerbergstrasse. Auf dieser zum Weiler *Zimmerberg* hinauf. Vor den Höfen nach links und durch eine Hohle zur freien Höhe, wo Ruhebänke dazu einladen, den wunderbaren Ausblick auf das Urtenental und das Rapperswiler Plateau zu geniessen. Nordwärts geht der Blick in die Ebene der untern Emme. Der Jura vom Neuenburgischen bis hinunter zur Froburg bildet den weiten Rahmen. Rechts des geteerten Höhensträsschens, auf dem man nun westwärts zieht, liegt die Matte Hohstränz. Der Name ist eine Abwandlung von Hohsträss=Hochstrasse, was bedeutet, dass die Römer, die sumpfige Talniederung meidend, ihren Weg über diese Höhe gebaut hatten. In den Buchenwald des Eibergs einbiegend, abwärts zu einer stark geneigten Waldwiese, von der aus man die Lueghöhen erspäht. An der nahen Weggabelung nach rechts wieder in den Wald, den das Teersträsschen oberhalb Grueb wieder verlässt, um nun dem Waldrand zu folgen. Wetterhorn und Schreckhorn erheben sich über den Wipfelhorizont, und das Auge ruht auf dem reichbewaldeten Luterbachgraben. Durch das Ackerland des Strick schlängelt sich das Strässchen zur Hofgruppe *Hunsperg*. Vor uns erhebt sich der Bantigerturm. Auf der Asphaltstrasse um die nächste Waldecke zum alten Weg, der an den Häusern im Banziloch vorüber und durch eine Hohle steil abfällt und die weite Kehre der Strasse abschneidet. Auf dieser zum nördlichen Dorfende von *Krauchthal* (S.170) hinab.

▶ **Prächtig herausgeputzte Bauernhöfe, blühende Obstbäume, Wiesen mit leuchtendem Löwenzahn: das Emmental im Festkleid. Frühling bei Zollbrück (Routen 6, 28 und 29).**

9 Hasle-Rüegsau–Rachisberg–Lueg

Wanderung von der Emme über den aussichtsreichen Höhenzug zwischen Heimiswil- und Rüegsbachgraben. Teilweise Hartbelag.

Route	Höhe in m	Hinweg	Rückweg
Hasle-Rüegsau 🚂 🚌	571	–	2 Std. 10 Min.
Schallenberg	747	45 Min.	1 Std. 35 Min.
Rachisberg	852	1 Std. 15 Min.	1 Std. 15 Min.
Almisberg/Egg	833	1 Std. 30 Min.	1 Std.
Rotenbaum/Schulhaus	810	2 Std. 05 Min.	25 Min.
Lueg/Wirtschaft 🚌	838	2 Std. 20 Min.	10 Min.
Lueg/Denkmal	887	2 Std. 30 Min.	–

Von der Station *Hasle-Rüegsau* über die nahe Emmebrücke nach Rüegsauschachen. Am rechten Brückenkopf über die kurze Treppe und den Parkplatz in die «Alte Rüegsaustrasse.» Durch diese und die Sägestrasse bis zur Sägerei. Nun auf der Sonnheimstrasse über den Kanal und den Rüegsbach und am schönen Sonnheim (1737) vorüber in den bewaldeten Löchligraben. Kurz nach dem Eintreten auf dem rechts abzweigenden steilen Teersträsschen zum Hof Schweikboden empor. Nun auf weichem Grasweg quer durch den gemuldeten Ackerhang und nach Otzenberg hinauf. Unterwegs Blick in den Rüegsbachgraben mit der Kirche von Rüegsau. Vom Ende der Hofgruppe steigt ein Fahrweg durch den Rain zur Waldecke empor. Im Anstieg herrlicher Blick ins obere Emmental und zu den Bergen. Auf dem Strässchen nach rechts zur grossen Linde und am Wald zu den Höfen von *Schallenberg* (nach Oberburg 🚂 45 Min., Burgdorf 🚂 1 Std. 20 Min.).

An der einfachen Holzkapelle vorbei zur Südecke des Scheidwaldes, dessen Name an die Westgrenze des einstigen Klosterbesitzes von Rüegsau erinnert. Eine Weile geht es wie auf einem Teppich dem aussichtsreichen Waldrand entlang, dann nach links durch den Wald und wieder am Saum auf-

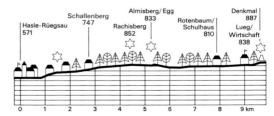

wärts zum prächtigen Aussichtspunkt *Rachisberg* (nach Rüegsbach 🚃 35 Min., nach Heimiswil 🚃 45 Min., nach Burgdorf 🚌 1 Std. 20 Min.). Am Hof vorüber dem Waldrand entlang und durch den Wald zur Waldlücke oberhalb *Almisberg* (Pt. 841,4). Hier packender Blick in den Heimiswilgraben, gegen Burgdorf und über das Fraubrunnenamt zu Bucheggberg und Jura. Bei der nächsten Weggabel scharf nach links in den Wald und sofort nach rechts durch einen fallenden Hohlweg zu einer Wiesenkuppe, dann am Waldsaum hinunter in den Sattel oberhalb des Gehöftes Linden. Der Weg steigt wieder an und geht auf der Zitistuegg in eine geteerte Strasse über, der man am *Schulhaus Rotenbaum* vorüber bis zur Luegwirtschaft zu folgen hat. In der Hofgruppe Zitistu (Zeitlistal) steht ein altes Gebäude, von dem nicht feststeht, ob es sich um eine mittelalterliche Kapelle oder um einen Heidenstock handelt. Die Strassengabelung (Pt. 816), nördlich des Schulhauses, bezeichnet der Volksmund «Röndle». Die Bise fegt zuweilen recht scharf durch diesen Waldwinkel und «röndlet» den Schnee zu einer Gwächte.
Von der *Wirtschaft* auf der Strasse zur nahen Passhöhe, dann links zum Fuss des Heiligenlandhubels (Parkplatz) und steil hinauf zum *Luegdenkmal*.

10 Schafhausen–Hammegg–Gumm–Biglen

Schöner Aufstieg nach Schwändi, dann lohnende Höhenwanderung zur aussichtsreichen Hammegg. Kurzer Abstieg nach Biglen. Einige Teilstücke auf Hartbelag.

Route	Höhe in m	Hinweg	Rückweg
Schafhausen 🚌	606	–	2 Std. 30 Min.
Schwändi	841	1 Std. 10 Min.	1 Std. 30 Min.
Hammegg	953	1 Std. 40 Min.	1 Std. 10 Min.
Gumm	968	2 Std.	50 Min.
Biglen 🚌 🚃	738	2 Std. 40 Min.	–

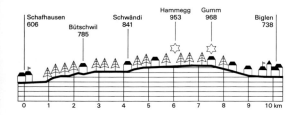

Auf dem unmittelbar am Bahnübergang bei der Station *Schafhausen* beginnenden Feldweg im Linksbogen durch die Talebene des Biglebaches zum Fuss des steilen Weiderains. Mit hübschem Talblick am Wald gemächlich aufwärts, worauf der Waldhang auf recht steilem Fussweg zu überwinden ist. Bei Pt. 705 ist die schmale Grathöhe zwischen Talgraben und Bigetal erreicht (Ruhebank). In hübscher Waldrandwanderung über dem Talgraben weiter bergan zum einsamen Gehöft *Toggebach.* Der Name erinnert an Doggeli = Geister, die hier in einer quellenreichen Mulde ihr Wesen getrieben haben sollen. Im Rechtsbogen über die Lichtung und waldaufwärts zum Fuss der Waldkuppe Pt. 819. Hier nach rechts zum nahen Waldausgang. Kurz dem Waldrand folgen, dann rainabwärts zu der in einem Sattel zwischen den Tälern gelegenen Hofgruppe *Bütschwil.* Im Gegenhang auf dem Fahrsträsschen zum Wald hinauf.

Es folgt kurz dem Saum, biegt dann waldeinwärts und windet sich fast flach durch den Hang zum Schulhaus *Schwändi* hinüber. Unterwegs ein lauschiger Rastplatz mit Tisch und Bänken vor schönem Ausblick über das Bigetal zur Wägesse hinüber. Auf grasigem Fussweg vom Schulhaus über den Rain hinauf in das aus dem Weiler aufsteigende Teersträsschen, von dem oberhalb der nächsten Biegung ein grasiger Weg zum roten Bänklein am Waldrand steigt. Auf gutem Waldpfad zur Weggabelung bei Pt. 913. Hier auf der als Sackgasse markierten Waldstrasse nach rechts und nach 200 m links zum Waldausgang. Der Weg folgt dem Saum, biegt um eine aussichtsreiche Waldecke (Ruhebank) und wendet sich am Wald nach links. Schöner Blick zur Mänziwilegg hinüber. Angesichts der Höfe am Brandiswald betritt man die Asphaltstrasse, verlässt diese aber jenseits der Höfe wieder auf dem halbrechts abzweigenden Waldweg, auf dem man nach 10 Min. die *Hammegg* erreicht. Auf Hartbelag zur leichten Anhöhe, wo dem Mundartdichter Karl Grunder nahe seinem Geburtshaus bei einer Ruhebank ein Gedenkstein gewidmet ist. «Hammegglüt» heisst eines seiner Werke.

Am 1. Sonntag im August findet jeweils die Hammeggchilbi statt. Prächtige Aussicht auf Voralpen und Alpen, sowie zum Napf und über die Mänziwilegg zum Jura. Die Strasse durch den Wald zur Lichtung von Nünhaupt ist geteert, das nächste Wegstück bis zur *Gumm* dann wieder angenehmer. Hier wiederum prächtiger Ausblick zu den Bergen (Ruhebänke).

Erneut auf Hartbelag am nahen Ferienheim der Stadt Bern vorüber talwärts. Im Linksbogen den Adlisbergwald streifend nach Bulestel (Baldistal) hinunter. Vor dem 1. Hof nach rechts auf einen in den Rain hinausführenden grasigen Feldweg. An dessen Rechtsbiegung auf undeutlichem Fussweg über den Wiesenrain hinunter nach Änetbach und auf dem geteerten Zufahrtssträsschen nach *Biglen* (S. 169) hinüber, das man beim «Bären», nahe der Kirche, erreicht. Durch die Bahnhofstrasse zur Station.

11 Lützelflüh–Egg–Sumiswald

Vom Gotthelfdorf über die aussichtsreiche Egg. Teilstück der nationalen Mittellandroute Romanshorn–Genf. Teilweise Hartbelag.

Route	Höhe in m	Hinweg	Rückweg
Lützelflüh–Goldbach 🚂 🚌	582	–	2 Std.
Ellenberg	755	40 Min.	1 Std. 35 Min.
Egg/Schulhaus	821	1 Std. 05 Min.	1 Std. 15 Min.
Schufelbüelneuhus	789	1 Std. 15 Min.	1 Std.
Sumiswald–Grünen 🚂	662	2 Std.	–

Von der Station *Lützelflüh-Goldbach* (S. 170) durch das verkehrsfreie «Gässli» an den grossen Gebäuden der Hafermühle vorbei ins Unterdorf von Lützelflüh und über die Emmebrücke ins Oberdorf. Vor der Kirche nach rechts und am Gotthelfdenkmal vorbei zum alten Gasthof Ochsen mit prächtiger Rundi, gezüpften Bügen und schönem Schild, wo Gotthelf oft zu Gast war. Auf dem nächsten Strässchen nach links und an einem Speicher vorüber leicht aufwärts. An der sonnigen Lehne ist eine Wohnsiedlung entstanden. Links drüben unter dem Wald die Gotthelfgedenkstätte, noch weiter links stand einst das Schloss Brandis. Oberhalb der Höfe von Stälzen rechts aufwärts zum Wald und diesem links entlang in die steile Totenhohle, durch die einst im Winter die Toten auf einem Schlitten zum Friedhof gebracht wurden. Vom Waldausgang auf der von Waldhaus aufsteigenden Asphaltstrasse über *Ellenberg* (nach Ramsei 🚂 40 Min., nach Hasle-Rüegsau 🚂 1 Std.) zur Hohwacht hinan, wo einst ein Holzstoss mit einem Wächterhäuschen stand. Mehr und mehr hat sich ein weitgespanntes Landschaftsbild entfaltet mit dem breiten Emmental vor den wuchtig von der Schrattenfluh bis zum Ochsen aufgereihten Voralpen und Alpen (Ruhebank). Der Blick öffnet sich nun auch nach Norden. Auf der Strasse über die breite Schnidersegg zum altersbraunen *Schulhaus Egg* (nach Rüegsau 🚌 40 Min., nach Ramsei 🚂 1 Std.), wo der Lehrer und Dichter Simon Gfeller

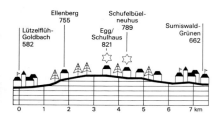

Bronzebildnis des zeitkritischen Dichters und Pfarrers Jeremias Gotthelf (Albert Bitzius) an seinem Gedenkstein in Lützelflüh (Routen 6, 7, 11 bis 13 und 77).

(1868–1943) 33 Jahre lang mit seiner Frau zusammen wirkte und seine bodenständigen Werke schuf. Eine Gedenkstätte lädt zum Rasten ein. Ein neues Schulhaus schaut neben dem alten weit ins Land hinaus. Prächtig ist auch hier der Blick über die Gräben und Eggen des Emmentales zu den Bergen. Angesichts dieser herrlichen Weite griff der Dichter auch zum Pinsel. Unten an der Grabenhalde, am Weg nach Waldhaus, verbrachte Gfeller seinen Lebensabend.

Mit Blick in den Ibachgraben, wo überall stolze Höfe stehen, auf Asphalt leicht abwärts durch ein Wäldchen zur Strassenkreuzung bei *Schufelbüelneuhus* (nach Grünenmatt 🚌 50 Min., Affoltern i. E. 🚌 1 Std. 15 Min.).
Nach rechts zum prächtigen Hof, vor dem ein hübscher Speicher steht.
Links um die Gebäude herum und auf ebenem Grasweg am Hof Buechacher vorbei zum Waldrand (Pt. 788). Nun nach rechts zur nahen Weggabelung.
(Eine Viertelstunde von hier, an der Abzweigung nach Grünenmatt, befinden sich am Münneberg die Wälle und Erdwerke einer einstigen Fliehburg, an die sich eine Sage knüpft.)
Der Weg nach Sumiswald fällt nach links durch den Wald zum Rand einer Wiese, wo sich überraschend der Blick auf Schloss Trachselwald öffnet

Lützelflüh und Umgebung

(Ruhebank). Auf rauhem Weg weiter steil waldabwärts. Am Ausgang vor dem Hof Vorder Scherlebach hat man Sumiswald mit seiner schönen Kirche vor sich. In einer Schlaufe senkt sich das Teersträsschen durch den weich gefurchten Hang zum Talboden des Griesbaches. An der Gabelung nach links zum Haus mit dem sonderbaren Namen Turm, dann nach rechts über den Bach und am Schiessstand vorbei über das Portal des Bahntunnels zum stattlichen Hof Grossacher hinauf. Nun an der Turnhalle vorbei zur Post *Sumiswald* (S. 171) und nach rechts zur Station hinunter.

12 Lützelflüh–Moosegg–Signau

Gemächlicher Aufstieg über den Höhenzug zwischen dem Tal der Emme und dem Nesselgraben zur vielbesuchten Moosegg. Steilabstieg in eines der schönsten Emmentaldörfer. Mehrere schöne Aussichtspunkte. Teilstücke auf Hartbelag.

Route	Höhe in m	Hinweg	Rückweg
Lützelflüh-Goldbach 🚂🚌	582	–	3 Std. 45 Min.
Mützlenberg	807	1 Std. 15 Min.	2 Std. 40 Min.
Moosegg/Waldhäusern 🚌	967	2 Std. 15 Min.	1 Std. 45 Min.
Ofeneggalp	980	2 Std. 50 Min.	1 Std. 10 Min.
Unter Rainsberg	878	3 Std. 15 Min.	35 Min.
Signau 🚂🚌	683	3 Std. 35 Min.	–

Von der Station *Lützelflüh-Goldbach* durch die Bahnhofstrasse zur Hauptstrasse und diese vor der «Krone» in die Schwandenstrasse queren, von welcher nach wenigen Schritten ein Teersträsschen rainaufwärts abzweigt. Auf diesem über das Feldplateau geradeaus und beim Hof Büel auf steilem Weg in den Wald hinauf. Vom obern Waldausgang auf vergrastem Weg durch die Felder geradeaus zum Hof Dietlenberg und dort beim alten Speicher nach links auf einen Fahrweg, der sich einem Gehölzstreifen entlang in

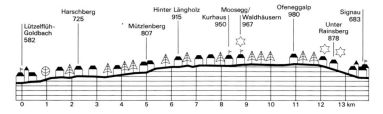

den nächsten Wald hinüber schlängelt. Vom Hof *Harschberg* (Harisberg) weg hat man für eine gute halbe Stunde ein Teersträsschen zu begehen, das über die breite Egg die Höfe miteinander verbindet. Beim Hof Gümpel Blick in den Nesselgraben mit Niederbach und seinem Schulhaus und grabenauswärts gegen Schwanden. Bald quert man bei Pt. 714 den alten, heute ausgebauten Wegübergang von Zollbrück nach Lützelflüh, der den durch die Emme an ihrem Knie bei der Wannenflue gefährdeten Talboden umging und deshalb den Namen Emmeknie erhielt. Am Wald hinauf nach Rüderswilberg und weiter waldaufwärts über Steinberg zur stattlichen Hofgruppe *Mützlenberg*. Bei der Käserei rechts aufwärts und vor dem nahen Hof Vorder Ramis, nun auf angenehmem Naturweg, steil rainaufwärts zum Wald. Gleich eingangs bietet sich ein interessanter Ausblick über das Emmental ins Lüderengebiet. Waldaufwärts zur schmalen Rässegg, die nach beiden Seiten einen weiten Ausblick bietet (Ruhebänke) und erneut durch Wald zum Hof Vorder Längholz, dann durch den Rain nach *Hinter Längholz*. Einige Schritte im Wald, dann am Saum, von wo im breiten Talboden Langnau zu sehen ist, in einen soliden Fahrweg, der den steilen Waldhang durchquert, worauf auf grasigem Waldrandweg die freie Sängeregg erreicht wird. Weite Sicht nach Ost und West. Nun auf Asphalt aufwärts zum prächtig gelegenen Hof Feldbach und mit herrlichem Alpenblick durch den Sonnenhang ebenaus zum alten und neuen Schulhaus Moosegg. Weiter auf der Strasse über die freie Egg zur Käserei und kurz durch Wald zum *Kurhaus Moosegg*. Zuerst links, dann rechts die Strasse meidend, gelangt man zum Gasthaus *Waldhäusern* in prachtvoller Aussichtslage.

Auf breiter Asphaltstrasse kurz westwärts zu Pt. 976, dann auf ebener Waldstrasse nach links. In zahlreichen Windungen quert diese horizontal den steilen Waldhang der Blasenflue. Dort wo sie sich gabelt, nach rechts kurz aufwärts, dann etwas abfallend und die weite Lichtung querend zur *Ofeneggalp*. Rechts um die Gebäude herum und auf dem Zufahrtssträsschen südwärts. Nach 150 m an der Gabelung links abwärts (nach Bowil ⛟ 1 Std. 10 Min.). Der Weg quert die waldumschlossene Terrasse und den nächsten Wald. Am Ausgang neben einem Rastplatz hat man ein prachtvolles Bergpanorama vor sich. Am sonnigen Waldsaum zum Hof Ober Rainsberg. Dort auf weichem Weg am Waldrand weiter, worauf sich ein Fahrweg über die steile Waldrippe zur aussichtsreichen Waldecke bei *Unter Rainsberg* senkt. Auf dem Teersträsschen zum nahen Hof und zwischen den Gebäuden zur Hangkuppe hinaus, wo vor dem prachtvollen Ausblick auf das Tal und die Waldhöhen des obern Emmentals eine Ruhebank steht. Nun nach links in die Grabenflanke hinunter. Bei einem kleinen Weidestall spitzwinklig nach links zum schmalen Pfad, der durch den steilen Waldhang zur schöngelegenen Kirche von *Signau* (S. 171) fällt.

13 Lützelflüh–Aspiegg–Gumm–Biglen

Unbeschwerlicher Aufstieg zur Aspiegg, dann schöne Höhenwanderung und kurzer Abstieg. Teilstücke auf Hartbelag.

Route	Höhe in m	Hinweg	Rückweg
Lützelflüh	582		3 Std.
Otzenberg	727	50 Min.	2 Std. 15 Min.
Aspiegg	917	1 Std. 40 Min.	1 Std. 40 Min.
Hammegg	953	2 Std. 10 Min.	1 Std. 10 Min.
Gumm	968	2 Std. 30 Min.	50 Min.
Biglen	738	3 Std. 10 Min.	

Von der Station *Lützelflüh–Goldbach* durch die Bahnhofstrasse zur Durchgangsstrasse in Goldbach und dieser an der «Krone» vorüber kurz folgen bis zum links abzweigenden Fussweg, der zum Goldbach führt. Auf schmalem Uferpfad zur Häusergruppe Oeli und auf dem Teersträsschen dem Bächlein entlang zum Oelibrüggli. Auf Hartbelag am Wald bachaufwärts in die stark ansteigende Otzenbergstrasse. Zweimal lässt sich der Asphalt über abkürzende Fusswege meiden, bevor man die stattlichen Höfe von *Otzenberg* erreicht, vor denen mächtige Linden stehen. Am Ende der Hofgruppe auf ebenem Feldsträsschen geradeaus und nach 150 m auf rauhem Karrweg einer Hecke entlang hügelwärts. Oben auf der Schwandenweid auf einer Wegspur geradeaus und an der nahen Waldecke auf grasigem Feldweg flach durch den Hang südwärts. Die aussichtsreiche Hangwanderung über dem Tal des Goldbaches führt am stattlichen Hof Sarbe vorüber zum obersten Hof von Niederried. Nun auf Hartbelag am Schulhaus vorüber und durch den Weiler *Oberried* hangaufwärts. Oben im breiten Sattel nach rechts durch den Wald zu den von grossen Linden beschatteten Höfen von Aspi. Weiter strassaufwärts zur *Aspiegg.* Auf dem höchsten Punkt (917,7) ist die alte geschützte Linde nicht mehr. Aus ihrem gewaltigen Strunk erhebt sich

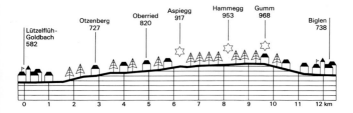

«Eggiwil-Fuhrmann» wird die Emme auch etwa genannt. Dass es sich mit diesem Fuhrmann nicht spassen lässt, beschreibt Gotthelf eindrücklich in seiner Erzählung «Die Wassernot im Emmental». Emmegrien bei Lützelflüh.

eine junge. Hier, wo vier Amtsbezirke zusammenstossen, erstreckt sich die Sicht von den Entlebucher Bergen und den Napfhöhen bis zum Balmhorn. Zu Füssen hat man das Goldbachtal mit den vielen Einzelhöfen und dem Kirchlein von Landiswil.
(Variante: Kurz vor den Aspihöfen Abzweigung zu der bei Pt. 832 im Hang des Talgrabens liegenden interessanten Schmidsleenburg, einer vermutlich ins 9. Jh. zurückgehenden Erdburg [Objekttafel]. Von dort aus ist die Aspiegg auf markiertem Weg direkt erreichbar.)
Aus dem gewaltigen Stamm der alten Aspilinde hat U. P. Twellmann ein Kunstwerk geschaffen, das am nahen Waldeingang steht. Die geschnitzten Gesichter und Figuren haben eine tiefe symbolische Bedeutung.
Hier verlässt man die Strasse und quert mühelos den ausgedehnten Brandis-

Lützelflüh und Umgebung 42

wald, der einst zur Herrschaft Brandis gehörte. Die Strasse wird für 150 m nochmals betreten, dann bietet sich erneut ein guter Waldweg an, auf dem man an der *Hammegg* ins Freie tritt. Links unten am Hang das Löchlibad. Auf Hartbelag zur leichten Anhöhe, wo dem Mundartdichter Karl Grunder nahe seinem Geburtshaus bei einer Ruhebank ein Gedenkstein gewidmet ist. «Hamegglüt» heisst eines seiner Werke. Am 1. Sonntag im August findet jeweils die Hammeggchilbi statt. Prächtige Aussicht auf Voralpen und Alpen, sowie zum Napf und über die Mänziwilegg zum Jura.
Weiterweg über *Gumm* nach *Biglen* (S. 169) siehe Route 10.

14 Ramsei–Geilisguetegg–Lüderenalp

Abwechslungsreiche Höhenwanderung mit vielen schönen Ausblicken ins Emmental und zu den Bergen. 45minütiges Teilstück auf Hartbelag.

Route	Höhe in m	Hinweg	Rückweg
Ramsei 🚂	599	–	3 Std.
Ramisberg	730	50 Min.	2 Std. 20 Min.
Bänzenberg	752	1 Std. 05 Min.	2 Std. 05 Min.
Geilisguetegg	932	1 Std. 50 Min.	1 Std. 30 Min.
Rotenbüelegg	950	2 Std. 10 Min.	1 Std. 15 Min.
Fluehüsli	1007	2 Std. 25 Min.	1 Std.
Ober Rafrüti	1180	3 Std. 30 Min.	15 Min.
Lüderenalp 🚠	1144	3 Std. 40 Min.	–

Von der Station *Ramsei* längs der Strasse nach Sumiswald bis zum Strässchen, das vor der Mosterei nach rechts abzweigt und recht steil beginnend zum Hof *Ramseiberg* steigt. Dort auf dem Karrweg geradeaus, der bald nach links zur Waldecke umbiegt. Auf Wegspur über das Bord in den Waldwinkel und am Wald zum Haus Spinner hinauf. Im Anstieg Ausblick gegen die

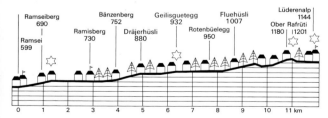

Das Schloss Trachselwald. Einzige übriggebliebene Ritterburg im Emmental. Heute Sitz der Bezirksbehörden (Route 15).

waldbedeckte Hügelwelt des mittleren Emmentals, während beim Haus bereits der Glanzpunkt der Route, die Höhe von Ober Rafrüti, sichtbar wird. Auf dem Höhensträsschen über die Egg zum nächsten Waldrand hinüber. Links vorne Schloss Trachselwald und Sumiswald, auf der Egg jenseits der Grüene neben dem alten Schulhaus von Simon Gfeller das neue. Für ca. 45 Min. hat man sich nun mit Hartbelag abzufinden. Fast ständig bietet sich aber der Ausblick in den fast lückenlos von Waldhöhen umrahmten breiten Talboden der Emme mit den Kirchdörfern Rüderswil und Lauperswil, besonders schön am Rank südlich der Hofgruppe *Ramisberg* (Ruhebänke). Darüber die Berge mit dem Hohgant im Mittelpunkt. An der Gabelung 50 m nach der Käserei *Bänzenberg* rechts aufwärts und in einer Schlaufe zum Hof Tönu hinauf (Ende Hartbelag). Auf dem nun folgenden Gang durch den Wiesenhang zum Wald hinauf prächtiger Fernblick über das untere Emmental zum Jura. Auf benachbarter Egg die stattlichen Firste von Chälperg. Waldaufwärts und auf weichem Grasweg zum *Dräjerhüsli* hinauf, neben grosser Linde. Mit Tiefblick auf Rüderswil in den Wald hinüber. An der Wegspinne flach nach rechts zum Waldausgang und um die Hangnase herum zum Hof Fälben mit mächtiger Linde und hübschem Speicher. Nun schlingt sich der Weg rechts um den von einem Gehölz bedeckten Schlosshubel herum, den im Mittelalter ein Burgturm gekrönt haben soll, von welchem aber kein Geschichtsbuch zu erzählen weiss. Reizend schlängelt sich der Weg nun am Brüschhüsi vorüber zur *Geilisguetegg* (Pt. 932) hinauf (nach Zollbrück 🚂 50 Min.) Hier, an einem der schönsten Punkte der Route, laden Bänke zum Geniessen der prachtvollen Aussicht ein. Das nun folgende Wegstück über Geilisguet–*Rotenbüelegg–Fluehüsli–Ober Rafrüti* zur *Lüderenalp* gehört

Lützelflüh und Umgebung

zum Schönsten, was das Emmental dem Wanderer zu bieten hat: stets auf der Höhe der Egg bleibend geniesst man abwechslungsreiche Tiefblicke in die vielfältige Grabenwelt, die Ober Rafrüti dagegen beeindruckt mit ihrer einzigartigen Rundsicht (siehe auch Route 28).

15 Grünenmatt oder Sumiswald–Haretegg– Lüderenalp

Diese Höhenwanderung zwischen der Grüene und dem Tal von Heimisbach vermittelt zahlreiche prächtige Ausblicke.

Route	Höhe in m	Hinweg	Rückweg
Grünenmatt 🚌 🚋	623	–	2 Std. 40 Min.
Trachselwald/Schloss (Westeingang)	758	40 Min.	2 Std.
Haretegg	835	1 Std.	1 Std. 50 Min.
Steinweid	810	1 Std. 20 Min.	1 Std. 30 Min.
Sänggli (Pt. 955,8)	955	2 Std.	1 Std.
Sparenegg	1055	2 Std. 45 Min.	20 Min.
Lüderenalp 🚋	1144	3 Std. 15 Min.	–

Bei der Station *Grünenmatt* über den Bahnübergang und am Restaurant Bahnhof vorüber zur Strassengabelung. Links die alte Mühle und ein sehenswertes altes Bauernhaus aus dem 18. Jh. mit hübschen Speichern. Auf der Strasse gegen Trachselwald am Schulhaus vorüber bis zu den Häusern von Holen. Hier zweigt die alte, ebenfalls geteerte Strasse ab, die zunächst durch eine steile Hohle ansteigt und darauf über Eichli auf der Feldterrasse auf das imposant wirkende Schloss Trachselwald zuführt. Vor dem Dorfeingang von *Trachselwald* (S. 172) betritt man wieder die Verkehrs-

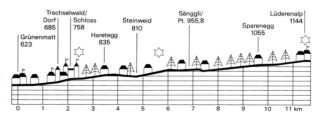

strasse. An der Kirche und am spruchverzierten schmucken Gasthof vorüber zum Fussweg, der über den steilen Rain oberhalb des herrschaftlichen Pfarrhauses (1753) zum *Schloss* aufsteigt. Eine gedeckte Treppe bildet den direkten Zugang zum Schlosshof, während die Strasse durch die prächtige Lindenallee zum oberen Eingang führt. Hier weiter Ausblick über das breite Emmental zu den Höhen der Wägesse und zum Jura. Auf dem Strässchen über die Hügelrippe weiter und am Hof Schlossberg vorüber zur Gabelung an der obern Ecke des Lochwaldes, vor dem Hof Jörberg (nach Chramershus 🚌 25 Min.). Am Waldrand nach links, dann waldaufwärts zu den Höfen auf der *Haretegg,* bei denen schöne Linden stehen (nach Sumiswald 🚌 35 Min.). Auf ebenem Strässchen zu den Höfen von Schönentüel hinüber, wo wiederum prächtige Linden erfreuen. Unterwegs Blick auf Sumiswald und den Spittel, das einstige Landvogteischloss.

Das Strässchen senkt sich am Wald zur *Steinweid,* wo man die von Burghof nach dem Weiler Tal im Heimisbach führende Strasse kreuzt, um auf geteertem Strässchen an der Gärtnerei und den Höfen von Sänggen vorüber wieder steil aufzusteigen. Der Weg bietet einen schönen Blick über den Laternengraben zu den Bergen und in den waldumschlossenen Liechtguetgraben mit seinen breitdachigen Höfen. Von der Bank am Saum eines Wäldchens erfreut der Ausblick über Sumiswald und den Heimisbachgraben zu den Höhen um die Wägesse und zum Bantigerturm, während über der benachbarten Schonegg und den Waldkämmen der Lueghöhen sich der Jura hindehnt. Oberhalb des Wäldchens ist die Höhe der Salbüelegg gewonnen. Mit herrlicher Sicht nach Süden in den nahen Wald und leicht abwärts zu den Höfen von *Sänggli,* dann durch den sonnseitigen Rain zum Wegweiser an der Weggabel bei Pt. 955,8 (nach Wasen 🚌 35 Min.).

Weiter über Sänggenberg–*Sparenegg* zur *Lüderenalp* wie Route 21.

Ausgangspunkt Station Sumiswald–Grünen 15 Min. kürzer. Die Talsiedlung *Grünen,* wo die Station steht und die eine eigene Post besitzt, gehört politisch zu *Sumiswald*. Vom Stationsplatz zwischen Hotel Bahnhof und der Post südwärts zur Grünenstrasse und durch diese nach links bis zum Platz vor dem Bahnübergang. Nun längs der Trachselwaldstrasse über die Grüenebrücke und bis zum Fahrweg, der kurz vor der Ortstafel Trachselwald rainaufwärts abzweigt. Vom Hof Horschberg folgt man dem Saum des Louelenwaldes. Stolz präsentiert sich vor dem Hintergrund der Gantrischkette das nahe Schloss Trachselwald. Nun am Waldrand mässig ansteigend zum Hof Uez, dann auf abkürzendem Weglein am Wald über das steile Bord auf die Terrasse der *Haretegg*. Auf weichem Grasweg zu den schöngelegenen, von mächtigen Linden beschatteten Höfen hinüber. Weiter wie bei der Route ab Grünenmatt.

Lützelflüh und Umgebung

16 Heimisbach–Vorderholz–Lüderenalp

Mit schönen Ausblicken auf dem Grat zwischen Binz- und Laternengraben zur Lüderenalp. Ca. 30 Min. Hartbelag.

Route	Höhe in m	Hinweg	Rückweg
Heimisbach/Sternen 🚌	707	–	1 Std. 50 Min.
Vorderholz	857	40 Min.	1 Std. 15 Min.
Leimboden	986	1 Std. 10 Min.	1 Std.
Ober Rafrüti	1180	2 Std.	20 Min.
Lüderenalp 🚌	1144	2 Std. 15 Min.	–

Vom Restaurant Sternen in *Heimisbach* (S. 169) auf Hartbelag kurz durch den Binzgraben einwärts, dann links aufwärts zu den Höfen auf der Schmalenegg.
Von dort windet sich ein Fahrweg über den Rain zum Wald empor und folgt diesem nach rechts. Schöner Blick in den Talboden und zu den stolzen Höfen von Schönentüel hinüber. Weite Sicht in die offene westliche Ferne. Auf rauhem Karrweg waldaufwärts, an der Gabelung rechts und oben dem hilben Waldsaum entlang. Von der Waldecke auf grasiger Wegspur an den Fuss der von einer Linde gekrönten Rasenkuppe Pt. 873,6. Blick in die stille Welt des Binzgrabens. Auf ebenem Grasweg links um den Hügel herum zum grossen Hof *Rötlisberg*. Am südlichen Horizont zeigt sich der Aussichtspunkt Ober Rafrüti. Als hübsche Höhenpromenade verläuft der angenehme Weg auf der Seite des Laternengrabens längs des mit schönen Einzelbäumen bewachsenen Hügelkammes und schlängelt sich darauf am schützenden Waldsaum (Ruhebank) über die Talscheide zwischen Laternen- und Binzgraben zum Sattel unterhalb des Hofes *Vorderholz*. Nach allen Seiten schaut man auf breitfirstige Höfe. Für etwa 20 Min. hat man sich nun an die südwärts steigende Asphaltstrasse zu halten. Lediglich deren oberste Schlaufe lässt sich auf steilem Waldpfad zum Hof *Leimboden* abschneiden.

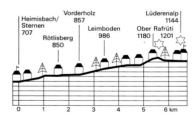

Vorne an der Wegscheide auf rauhem Karrweg sehr steil in den Wald empor. Der Weg verläuft auf der Waldrippe, bis er sich nach links zum Sattel oberhalb des Hofes Sunnberg wendet, wo man am Rand des Oberfrittenbachgrabens den Wald verlässt und die breite Weidekuppe von Ober Rafrüti unmittelbar vor sich hat.
Weiter über die nächste Anhöhe zum Tällihüttli, anschliessend auf steilem steinigem Karrweg zum Berghof *Ober Rafrüti* und zum gleichnamigen, einzigartigen Aussichtspunkt (Pt. 1201,8). Durch den nahen Wald zum Strässchen, das zur *Lüderenalp* führt.

17 Heimisbach–Zuguet–Lüderenalp

Zuweilen steiler, aber kurzer Aufstieg zum Geburtshaus Simon Gfellers, teilweise auf dessen einstigem Schulweg, mit prachtvollen Ausblicken.

Route	Höhe in m	Hinweg	Rückweg
Heimisbach/Tal 🚃	745	–	1 Std. 15 Min.
Zuguet	1039	1 Std.	30 Min.
Sparenegg	1055	1 Std. 10 Min.	20 Min.
Lüderenalp 🚃	1144	1 Std. 40 Min.	–

Über *Heimisbach* S. 169. Bei der Schmiede, wo Laternenbach und Liechtguetbach sich zum Dürrbach vereinen, steigt ein Fahrweg steil durch den Rain und schraubt sich durch den Wald und am Hof Talbärg vorüber auf die Egg zwischen den beiden Gräben. Weit fliegt von hier der Blick nach Westen, und über der Rotenbüelegg erheben sich die Gipfel der Berner Alpen. Von der Sonnseite des Liechtguetgrabens grüssen wettergebräunte Berghöfe. Steil geht es zum Hof *Stierenberg* hinan, vor dem eine mächtige Linde steht, und zur nächsten Hügelkuppe hinauf, wo unter einer breitkronigen

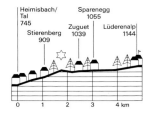

Linde eine Bank zum Rasten einlädt. Die Fernsicht nach Westen ist grossartig. Der Jura vom Weissenstein bis ins Waadtland hinein säumt den Horizont. Aus dunklem Waldkamm erhebt sich der Bantigerturm, und vor der Hasenmatt ist das Luegdenkmal zu erkennen.
Nun zum Gatter am nahen Waldrand hinüber und auf rauhem Pfad über den steilen Waldhang zur nächsthöheren Egg empor. Auf weichem Weg am Waldrand mühelos weiter. Das folgende Wegstück durch den Hang und einer Kirschbaumreihe entlang zum Hof Nülli, dann weiter über die Egg zum Hohwald ist eine wahre Aussichtspromenade.
Bei einer Einzellärche über einem am Hang klebenden Hof nach links in den Wald, durch den man, zuletzt steil ansteigend, die von Lärchen umsäumte verträumte Waldbucht erreicht, in der der kleine Berghof *Zuguet* steht. Hier kam am 8. April 1868 der Dichter Simon Gfeller zur Welt und auf diesem «Waldgüetli», wie er es nennt, verbrachte er seine Kindheit, aus welcher er in seinem Buch «Drätti, Müetti u der Chlyn» so gemütvoll erzählt. Leider ist die liebevoll beschriebene Linde mit dem «Muschigras» darunter einem Sturm zum Opfer gefallen. Der Weg, den wir vom Tal herauf begangen haben, ist weitgehend mit dem Schulweg Gfellers identisch.
Vom Zuguet auf dem ebenen Zufahrtssträsschen zur Waldecke. (Hierher kann man auch direkt, d. h. ohne den Umweg über das Zuguet gelangen, indem man bei der erwähnten Einzellärche geradeaus zur Waldecke geht und innerhalb des Waldsaumes steil zur nächsten Anhöhe aufsteigt. Auf herrlichem Rasenweg geht es hierauf dem Wald entlang und über die Hügelkuppe (Pt. 1047), von wo links das nahe Zuguet sichtbar wird, zum Zuguetsträsschen hinüber.)
Nun den Waldzipfel rechts aufwärts queren und dem südlichen Saum entlang zum stattlichen Hof *Sparenegg* (nach Wasen 🚌 1 Std. 15 Min.). Von hier aus meist parallel zur Lüderenstrasse zur aussichtsreichen *Lüderenalp.*

Abstiege von Lüderenalp siehe Route 31.

▶ Spica nannten die Römer die goldene Ähre – Spycher nennt der Emmentaler seine Schatzkammer. Abseits vom Bauernhaus, damit Feuer nicht beide gefährde, barg sie Korn, Geräuchertes, Obst, Selbstgesponnenes und, unter Schnitzen und Spreu versteckt, die Säckli mit dem Klingenden. Darum wurden die Speicher aus starken «Hälbligen» gebaut und mit kunstvollen Schlössern versehen. Speicher in Grünenmatt (Route 15).

18 Sumiswald–Griesbach–Dürrenroth

Mit geringen Höhenunterschieden durch sanftes Hügelland. Einige Teilstücke auf Hartbelag.

Route	Höhe in m	Hinweg	Rückweg
Sumiswald-Grünen 🚂	662	–	2 Std. 35 Min.
Griesbach 🚂	700	55 Min.	1 Std. 45 Min.
Brunnen	802	1 Std. 45 Min.	1 Std.
Huebbach/Schulhaus	730	2 Std. 05 Min.	35 Min.
Dürrenroth/Station 🚂	669	2 Std. 35 Min.	–

Von der Station *Sumiswald-Grünen* längs der Strasse ins Dorf *Sumiswald* (S. 171) hinauf. An der Post vorüber zur Kreuzung gegenüber der Kirche und geradeaus zum Spital und zum Altersheim. Vom Parkplatz auf geteertem Strässchen, dann auf abkürzendem Fussweg über das weite Feld und nach links rainaufwärts zum Terrassenrand vor der Häusergruppe *Ängelberg*. Schöner Rückblick auf Sumiswald. Nun nach rechts und nach 50 m links auf einen Grasweg, der durch ebenes Ackerland dem Mattstallwald zusteuert. Zunächst am Saum, dann im Wald bis zur zweiten Wegkreuzung. Dort schräg links abwärts und im Bogen das liebliche Wiesentälchen querend dem Rain entlang wieder in den Wald. Auf weichem Weg biegt man darauf am Saum in das Tal des Griesbachs ein. Leicht abwärts zum Bach und in den gleichnamigen Weiler *Griesbach*. Eine Säge nutzt die Kraft des von schönen Bäumen gesäumten Gewässers. Oberhalb der Verkehrsstrasse die Haltestelle der VHB. Man folgt auf dem Fahrsträsschen eine Weile dem wohltuend natürlichen Bachlauf und steigt über Gürmsch, ein Gehölz streifend, zu der zum Tannenbad führenden Strasse hinauf. Auf dieser kurz nach links zur Ecke des Lämpenmattwaldes (Pt. 749). Auf dem Waldrandsträsschen bis zur Wegkreuzung an der Waldecke gegenüber den Höfen von Lämpenmatt und dort an der grossen Linde vorüber auf dem leicht ansteigenden Feldweg

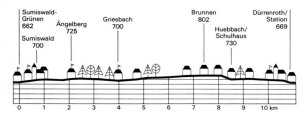

Aussicht von der Lueg (Heiligenlandhubel) bei Affoltern i. E. über die unzähligen Hügelwellen des Emmentals zu den Berner Hochalpen (Routen 1, 4 und 9).

geradeaus, der bei Pt. 768 in das aufsteigende Teersträsschen mündet. Auf diesem rainaufwärts und an der Weggabel oberhalb des Hohlweges, mit schönem Blick auf Weier, Affoltern und die Lueg, auf einem Grasweg nach links und bei einer Linde in das von Weier aufsteigende Teersträsschen. Auf diesem zu den Höfen von Mülistettlen.
Oberhalb der Höfe auf ebener Asphaltstrasse nach links zur Hofgruppe *Brunnen* (nach Häusernmoos 🚆 35 Min.). Hinter der Käserei rechts und an einem hübschen Speicher und dem nächsten Hof vorüber auf den ebenen Flurweg, der durch die Tallehne zum stattlichen Hof Brunnenneuhus führt und Einblick in die weichgeformte liebliche Landschaft des Huebbachgrabens bietet. Auf weichem Weg geradeaus und im Wald und am Saum abwärts zum Hof Eggisbergweid. Auf steilem Fussweg durch das Wäldchen in das zum *Schulhaus Huebbach* fallende Teersträsschen hinunter. Nun auf der Talstrasse etwa 2 Min. bachabwärts, dann auf dem rechts abzweigenden Teersträsschen zum modernen Hof Bannholz hinauf. Am Gegenhang erfreut das schöne Bild der stolzen Höfe von Hueben. Auf dem Strässchen quer durch das Bachtälchen, im Aufstieg ein Wäldchen streifend, zu den Höfen von Höch. Blick gegen das Soldatendenkmal auf dem Huttwilberg und die Chaltenegg. Auf dem Fahrweg links hinunter in die Senke und auf dem zweiten Weg nach links, der leicht ansteigend dem Höchwald zustrebt. Auf weichem Grasweg am Saum zur untern Waldecke gegenüber dem Hof Pfaffengraben und an diesem vorüber durch die Mulde zu den ersten Häusern von *Dürrenroth* (S. 169). Auf der ersten Querstrasse einige Schritte nach rechts, dann vor dem Schulhaus links abwärts zum Dorfkern mit der Kirche. Vom Gasthof Kreuz auf steilem Fussweg zur Station hinunter.

19 Sumiswald–Oberwald–Huttwil

Über die aussichtsreiche Schonegg und die Höhe des Oberwalds. Teilstück der nationalen Mittellandroute Romanshorn–Genf. Überwiegend auf Hartbelag.

Route	Höhe in m	Hinweg	Rückweg
Sumiswald-Grünen 🚂	662	–	3 Std. 40 Min.
Schonegg/Käserei	861	1 Std.	2 Std. 50 Min.
Oberwald/Schaber	928	1 Std. 40 Min.	2 Std. 15 Min.
Oberwald/Gasthaus	884	1 Std. 50 Min.	2 Std.
Wyssachen 🚌	694	2 Std. 30 Min.	1 Std. 05 Min.
Huttwil 🚂	638	3 Std. 35 Min.	–

Von der Station *Sumiswald-Grünen* nach *Sumiswald* (S. 171) hinauf. Links an der Post vorüber zur Kreuzung bei der Kirche und zum Bezirksspital. Der Wandschmuck an dessen Haupteingang, geschaffen von A. W. Diggelmann, zeigt die Gebiete der 7 Trägergemeinden und deren Wappen in Keramik.

Auf leicht ansteigender Strasse dorfauswärts. Links die neuzeitliche katholische Mauritiuskirche (1973). Blick über die weite Feldterrasse zum Spittel, dem einstigen Landvogteischloss. Vom Strassenrank auf dem Teerweg aufwärts zum Reservoir. Von der Bank unter der grossen Linde schöner Ausblick über Sumiswald und Trachselwald hinweg zu den Voralpen. Über das Rasenbord hinauf zu den Höfen von *Unter Chneubüel* und auf der geteerten Schoneggstrasse bis zur scharfen Linkskurve (Pt. 801). Im Tal der Grüene zeigt sich wieder das Spittel, am Hang der benachbarten Chleinegg grüssen zahlreiche Höfe. Nun auf einem Fussweg steil hinauf zum Gehöft Lerchenberg, vor dem zwei Lärchen stehen. Bänke laden hier zur Rast ein. Prachtvoller Rundblick, der den Alpenkranz vom Wetterhorn bis zu den Freiburger Bergen und den Jura vom Chasseral bis zur Belchenflue umfasst. Gerade

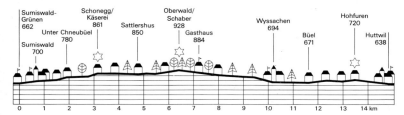

gegenüber grüsst vor der Lueghöhe das Dorf Affoltern. Das schöne Panorama erfreut das Auge ständig während der Höhenwanderung auf der Asphaltstrasse über die wellige *Schonegg,* an der *Käserei* (nach Oberei 🚂 15 Min.) und den Hofgruppen von Stäg, Bützen und *Sattlershus* vorbei. Zuweilen erblickt man im Tal der Grüene das Dorf Wasen. Am Dräjerhüsli vorüber hinauf zum einsamen vielfenstrigen Hof Guggisberg am Eingang des Flüewaldes. Blick hinüber zur Lüderenalp. Hinauf zum Scheitelpunkt der Waldstrasse, dann flach nordwärts (nach Weier 🚂 1 Std., nach Dürrenroth 🚂 1 Std., nach Wasen 🚂 50 Min.). (Ein winziger Abstecher nach rechts zur Waldecke Pt. 928 vor dem *Schabergut* wird durch eine prachtvolle Aussicht belohnt.)

Oberhalb des Gasthauses *Oberwald* (nach Dürrenroth 🚂 50 Min.) tritt man aus dem Wald und geniesst einen schönen Blick über das Tal der Wyssachen und das luzernische Hügelland hinweg zur fernen Rigi. Vom Gasthaus, an dessen Dachbogen biblische Szenen aufgemalt sind, wendet sich der Weg am Langenthaler Ferienheim vorüber dem Walde zu und senkt sich zum Binninger Ferienheim und zwischen zwei Sandsteinriegeln zu den Höfen von Wisli. Nun schlängelt sich das geteerte Strässchen über den breiten Hügelrücken ostwärts.

Der Blick ruht nach allen Seiten auf zahlreichen Höfen, und über unzähligen Waldkuppen bildet der Jura den weichlinigen Horizont.

Beim Hof Stäublerenweid schwenkt man links ab und zieht auf weichem Grasweg zur Waldecke, wo unten im Tal die Kirche von *Wyssachen* sichtbar wird. Steil abwärts zum Hof Löh, dann auf einem Fussweg zum Schiessstand und zum braunen Lindenhof hinab. Nun rechts hinunter zur Bushaltestelle (nach Dürrenroth 🚂 1 Std., nach Eriswil 🚌 50 Min.). Über Wyssachen S. 172).

Hinunter in die Bachmulde, wo sich ein kleines gewerbliches Zentrum befindet. Das Teersträsschen folgt eine Weile dem baumgesäumten gewundenen Lauf der Wyssachen, steigt zu den Höfen von Stutz, quert darauf das Tälchen eines kleinen Seitenbaches nach *Büel* und führt dann durch den Rain nach Gummen hinauf. Weite Felder umgeben die stattlichen Höfe. Auf dem gewundenen Strässchen zum Gummenhof und noch 200 m weiter, bis eine grasige Wegspur zwischen Ackerrändern und dem Weidezaun leicht aufwärts zum Waldrand bei den Höfen von *Hohfuren* leitet. Schöne Sicht auf Huttwil, ganz besonders, wenn man sich am Waldrand nach links zu einer Linde mit Ruhebank hinausbegibt. Von der Waldecke auf einem Fussweg am Saum und im Wald steil hinunter und durch die Weide zum Hof Innere Schlüecht, unmittelbar unter dem Wasserreservoir. Nun auf dem Strässchen nach *Huttwil* (S. 170) hinunter, dessen Hauptstrasse beim Gasthaus zum Ochsen erreicht wird. Nach links zum nahen Bahnhof.

20 Wasen i. E.–Arni–Napf

Schöne Aufstiegsroute aus dem Tal der Grüene zum Napf. Teilstück Lushütte-Napf erfordert gute Schuhe. Zwischenstücke auf Hartbelag.

Route	Höhe in m	Hinweg	Rückweg
Wasen i. E. 🚂 🚌	744	–	4 Std.
Vorderarni	1080	1 Std. 20 Min.	3 Std. 05 Min.
Hinterarni/Höchgfäl	1222	2 Std. 10 Min.	2 Std. 25 Min.
Ober Lushütte	1325	3 Std.	1 Std. 45 Min.
Höchänzi	1322	3 Std. 25 Min.	1 Std. 15 Min.
Nideränzi	1233	3 Std. 50 Min.	40 Min.
Napf	1407	4 Std. 45 Min.	–

Von der Station *Wasen* (S. 172) dorfeinwärts, über die wappenverzierte Grüenebrücke zum Schulhaus und durch die Gmündenstrasse an der Kirche vorüber aufwärts. An der Gabelung auf dem Teersträsschen nach links, das am Wäldchen steil ansteigt und sich darauf am Hof Bichselberg vorüber, zuletzt recht steil, zur Hofgruppe *Hambüel* hinanwindet. Die das Tal umrahmenden Wälder geben der Landschaft das Gepräge. Anhaltend steil steigt der Fahrweg zum Wald hinauf. Schöner Rückblick auf Wasen und über Schonegg und Lueg hinweg zum Jura, der vom Weissenstein bis weit nach Westen den Himmel säumt. An der ersten Weggabel im Wald links, an der zweiten nach rechts zu den Berghöfen auf der Hambüelegg hinauf. Der anschliessende, am Waldrand nur noch mässig ansteigende Weg bildet zu Beginn eine prächtige Aussichtspromenade. Zu Füssen hat man den Churzeneigraben, dessen steile Hänge fast ganz bewaldet sind, während auf den Eggen die Berghöfe sitzen. Weite Sicht nach Westen und auf die Voralpengipfel von der Männliflue bis zur Kaiseregg. Geradeaus zeigt sich die Lüderenalp. An der folgenden Wegverzweigung auf dem mittleren Weg durch den Wald aufwärts und zwischen Weidehang und Wald mässig ansteigend zu den Alpgebäuden von *Vorderarni*.
(Bei guter Sicht empfiehlt sich der Aufstieg auf den Arnichnubel, Pt. 1120,2

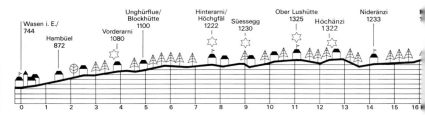

(5 Min.), der auf den Wanderungen nördlich der Lüderen immer wieder als schöne grüne Pyramide auffällt. Der Rundblick ist unbeschreiblich schön.) Auf dem Höhensträsschen über den breiten Bergrücken zwischen Witenbach- und Churzeneigraben südwärts. Das Kurhaus Lüderenalp grüsst herüber, überragt vom Alpenkranz. Blick über die Fritzenflue mit dem gut erkennbaren Strassentunnel und über den Oberaargau hinweg zu Belchenflue und Passwang. Aus dem nächsten Sattel am Waldrand zu einer zum Rasten einladenden Blockhütte hinauf (in der Nähe Feuerstelle). Sie steht am Rand der *Unghürflue*. Nach einer Sage hauste an der Fluh ein Riese, der an der zum Churzeneigraben abfallenden Eselsflue zu Tode gestürzt sei. Eine andere erzählt, dass man hier in heiligen Nächten das Knallen aufschlagender Steine und durchdringendes Pferdegewieher höre. Nun waldeinwärts und nach 50 m auf dem Fussweg geradeaus aufwärts und über die schmale Waldrippe bis zum Fuss des steilen Grataufschwungs der Bisegg. Auf teilweise mit Holzschwellen belegtem Weg nach rechts zur kleinen Waldlichtung von Läger und weiter in die Fahrstrasse, der man bis zum Waldausgang folgt. Nun auf grasiger Wegspur durch die Weide links um die nächste Erhebung herum in die nächste Strassengabelung. Am Fuss hoher Nagelfluhwände kurz nach rechts, dann auf steilem Karrweg zur Grathöhe, wo man die Strasse betritt, die an einer schönen Baumgruppe vorüber zum nahen Plateau von *Hinterarni* steigt. Die Lage der Alphütten und der Sommerwirtschaft auf *Höchgfäl* ist prachtvoll. Vom südlichen Plateaurand schaut man über ein Gewirr von walddunklen Gräben zum Napf hinüber. Links davon erheben sich Pilatus und Glärnisch, während die Berner Alpen von der Blümlisalp bis zu den Freiburger Alpen aufgereiht sind.
Auf Fussweg steil in die Einsattlung hinunter und vom Brunnen auf dem Strässchen weiter, das sich links um die nächste Erhebung herumzieht und später geteert zur *Süessegg* ansteigt. Längs einer Reihe schöner Wettertannen verläuft es auf der schmalen Talscheide und windet sich darauf durch die Steilflanke zur Farnlischür hinüber, um darauf durch den Osthang des Farnli-Esels anzusteigen. Schöner Blick in den sattgrünen innersten Hornbachgraben und ins luzernische Hügelland hinaus.
Am Rank über das Steilbord empor in den alten Karrweg, der horizontal durch den Wald zum Wegweiser auf der Lushüttenalp führt, in Sichtweite der Wirtschaft *Ober Lushütte* (nach Langnau 🚌 3 Std. 30 Min., nach Trub 🚌 2 Std. 45 Min.). Prachtvolle Aussicht zu den Bergen und auf Gräben und Höhen des Truberlandes. Weiterweg über *Höchänzi* und *Nideränzi* zum *Napf* wie bei Route 21. Das Plateau des Napf, Rigi des Emmentals genannt, gewährt einen gewaltigen Rundblick. Das unendlich verzweigte Gewirr von Gräben und Eggen des Emmentals und des Luzerner Hinterlandes zeigt sich nirgends so eindrücklich.

21 Wasen i. E.–Sparenegg–Lüderenalp–Napf

Kurze Aufstiegsroute zur Lüderenalp, wo sich die abwechslungsreichste Höhenwanderung des Napfgebietes anschliesst. Diese führt durch eine typische Erosionslandschaft mit reicher Reliktflora aus der Eiszeit, die zwischen Geissgratflue und Napf im Inventar der zu erhaltenden Landschaften von nationaler Bedeutung figuriert. Gutes Schuhwerk erforderlich! Etwas Hartbelag zu Beginn.

Route	Höhe in m	Hinweg	Rückweg
Wasen i. E. 🚂🚌	744	–	5 Std.
Sänggli (Pt. 955,8)	955	45 Min.	4 Std. 25 Min.
Sparenegg	1055	1 Std. 30 Min.	3 Std. 50 Min.
Lüderenalp 🚌	1144	2 Std.	3 Std. 25 Min.
Hohmattgätterli	1300	3 Std.	2 Std. 20 Min.
Ober Lushütte	1325	3 Std. 45 Min.	1 Std. 45 Min.
Höchänzi	1322	4 Std. 10 Min.	1 Std. 15 Min.
Nideränzi	1233	4 Std. 35 Min.	40 Min.
Napf	1407	5 Std. 30 Min.	–

In *Wasen* (S. 172) vom dorfseitigen Ende der Geleise auf Fussweg in die vom Dorf aufsteigende Strasse und zu dem auf der Höhe abzweigenden Teersträsschen, das, bei Pt. 785 nach rechts umbiegend, zu den Höfen von Widen aufsteigt. Blick über die Nordabdachung der Chleinegg gegen Sumiswald. Auf grasiger Abkürzung am Wald in den rauhen Karrweg hinauf, der steil zur Linde auf dem Haslenbachbergli (Pt. 914) emporführt. Über die Schonegg, auf der stolze Höfe thronen, schaut man zum Jura hinüber, und über den Churzeneigraben zur grünen Pyramide des Arnichnubels. Nun steil am westlichen Waldsaum bergan und durch den Astgratwald zum Hof Haslenbachsänggli. Mit Blick in den waldreichen Churzeneigraben zur Weggabel bei Pt. 955,8 im *Sänggli* (nach Grünenmatt 🚂 1 Std. 45 Min., nach Sumiswald 🚂 1 Std. 30 Min.) hinunter, dann an schön gelegenen Gehöften

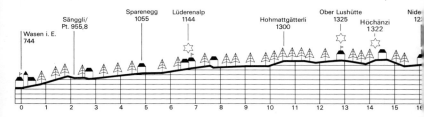

vorüber hoch über dem waldreichen Liechtguetgraben zu den Höfen von Sänggenberg. Gemächlich ansteigend am sonnseitigen Waldsaum zur Egg, wo vor dem lieblichen Ausblick eine Ruhebank einlädt. Wie auf einem Teppich mühelos über die aussichtsreiche Talscheide und einer Hecke entlang, dann durch Wald und Wiesen in die Lüderenstrasse, die man oberhalb Schützberg nur ganz kurz betritt, um darauf am nördlichen Waldsaum und im Wald deren Rechtsbogen abzuschneiden. Dort, wo der Weg zum Zuguet, dem Geburtshaus von Simon Gfeller rechts abzweigt, lässt sich erneut nach links dem Asphalt für eine Weile ausweichen. Bald werden die Gebäude der Lüderenalp sichtbar. Man betritt für 5 Min. wiederum die Strasse bis zum Teersträsschen, das am Wald zum bereits sichtbaren Hof *Sparenegg* aufsteigt (nach Heimisbach/Tal 🚌 50 Min.).

Parallel zur Lüderenstrasse vom Hof über den aussichtsreichen Kamm zwischen Laternen- und Churzeneigraben abermals in die Lüderenstrasse hinüber, der man aber nach etwa 250 m durch einen Waldhohlweg und über die aussichtsreiche Hügelkuppe Pt. 1009,3 ziemlich steil ansteigend erneut ausweichen kann. Kurz darauf bietet sich eine weitere Ausweichmöglichkeit, so dass bis zur *Lüderenalp* nur noch für wenige Minuten die Strasse zu benützen ist. Vom Fahrweg, der östlich des Hotels durch den Wald ansteigt, zweigt bald ein steil zur Egg aufsteigender Fussweg ab. Vom südlichen Waldsaum begleitet, zieht sich ein Grasweg neben dem schmalen Gratfirst durch die Weide und bietet einen wundervollen Blick zu den Bergen und über die Seitengräben des hintern Gohlgrabens zur Schynenalp hinüber. Östlich des Berghofs Ober Rislau auf dem Fahrweg weiter, der sich durch den Südhang schlingt und darauf auf der bewaldeten Gratschneide weiterläuft. An einem Ferienhaus vorüber, wo ein Brünnlein Erfrischung spendet, auf schmalem Fussweg durch die Weide, dann dem nordseitigen Waldrand entlang abwärts. Später steigt der Weg über eine Waldrippe stark an und schlingt sich darauf horizontal um die abschüssige offene Hangwölbung des Rotchnubels, wobei sich ein packender Blick durch den Churzeneigraben hinaus bietet. In der Ferne das Dorf Affoltern und die Lueg, dahinter der Jurawall. Im nördlichen Waldhang weiter. Nach kurzem Steilanstieg wechselt der Pfad in die abschüssige südliche Waldflanke und führt ständig leicht aufwärts zum *Hohmattgätterli,* einer Einsattlung auf der von der Geissgratflue südwärts fallenden Waldrippe, wo die Routen 34 und 37 einmünden (nach Trub 🚌 2 Std. 10 Min., nach Trubschachen 🚶 2 Std. 40 Min., nach Langnau 🚶 3 Std.) Nun nach links durch den Osthang zur steilen Weidelichtung Goldbachschwändeli, zuhinterst im Goldbachgraben. Beim Waldaustritt wird in der Ferne das Hotel Napf sichtbar. Steil hinauf zur Grathöhe, wo unmittelbar über dem verlassenen Gehöft eine Ruhebank einlädt. Der Ausblick auf den Kranz der Berge vom Pilatus über den Titlis bis zu den westlichen Berner Alpen und auf das Mosaik von Wäldern und Weiden um den Brandöschgraben ist grossartig. Der Name Goldbach ist hier nicht ohne bittern Beigeschmack. Wie manch anderes Gütlein im obern Emmental wurde dieses aufgegeben, weil eine genügende Existenzgrundlage fehlte. Der Name hat zwei Bedeutungen. Die Napfbäche führen feine Goldplättchen im Geschiebe mit, die früher herausgewaschen wurden, allerdings mit sehr geringer Ausbeute. Anderseits bedeutet Gohl oder Gool eine Bach- oder Flussaufschüttung. Mundartlich sagt man Goupech. Der Bergpfad zieht sich nun durch das Einzugsgebiet des Goldbachgrabens zum Verbindungsgrat Geissgratflue–Farnli Esel hinüber und quert darauf die jähe Waldflanke des Farnli Esels. Fast ebenaus gelangt man oberhalb Mittler Lushütte auf die südwärts geneigte Lushüttenalp (nach Wasen 🚌 2 Std. 30 Min. Von hier bietet sich ein bequemer Aufstieg über Weiden und den Waldgrat zum Gipfel des Farnli Esels; ein Abstecher, der durch eine prächtige Rundsicht belohnt wird). Auf breitem Karrweg nordwärts zur nahen Sommerwirtschaft *Ober Lushütte* auf Lushüttenalp. Grossartiges Bergpanorama. Der Name Lushütte ist auf die einstige Verwendung als Jägerhütte zurückzuführen und kommt von «lussen»=dem Wild lauern. Die Rasenkuppe südlich der Wirtschaft rechts umgehen, auf einem Fahrweg kurz bergab, dann auf ebenem Fussweg nach links durch die Weide und abwärts in den Wald. Auf der schmalen Bergrippe über die nächste Erhebung und steil hinunter in die Einsattlung des Tritt, wo der Fussweg vom Riedbad heraufkommt. Erneuter Aufstieg über ein Weidebord und darauf nach links über einen Nagelfluhfelsen zum Wegweiser westlich des Höchänzi empor (nach Eriswil 🚌 3 Std. 15 Min.). Nun ebenwegs zum nahen Wegweiser südlich Pt. 1368, wo man unvermittelt wieder das prachtvolle Alpenpanorama vor sich hat (nach Fankhaus 🚌 1 Std. 40 Min.). Weiter zu den auf aussichtsreicher Höhe stehenden Hütten von *Höchänzi* und auf weichem Alpweg zum nördlichen Rand des Weideplateaus, wo sich an der Kante der Änziflue ein packender Tiefblick in den Änzigraben bietet. Auf steinigem Zickzackweg über den Steilhang hinunter in das Strässchen, das zum Änzisattel (Pt. 1196) abfällt und am Gegenhang zu der auf freiem Grat, direkt auf der Kantonsgrenze stehenden Bergwirtschaft *Nideränzi* (nach Luthernbad 🚌 45 Min.) aufsteigt. Prächtiger Blick über den Hüttengraben zu den Bergen und nordwärts hinunter zum Luthernbad. Zuerst mässig, dann steiler ansteigend nach rechts über die Weide zur Grathöhe neben der markanten dunklen Waldkuppe der Napfflue, von wo man an den Steilabstürzen vorbei zu dem in der Luftlinie schon greifbar nahen Napfhotel hinübersieht. Doch der Weg dorthin führt als Pfad zunächst durch die Weide, dann in der steilen südseitigen Waldflanke in ständigem Auf und Ab um die Napfflue herum zum Wegweiser bei Pt. 1274, etwa 500 m nördlich der Alphütte Grüebli

Der weltberühmte Langnauer Arzt Michael Schüpbach empfängt in seiner Apotheke hohen Besuch. Bild von G. Locher 1774 gezeichnet.

(nach Fankhaus 🚋 1 Std. 20 Min.). Links aufwärts, in der Waldflanke einen Graben queren, dann auf rauhem Pfad steil zur Grathöhe östlich vom Grüeblihengst, wo sich ein interessanter Ausblick über das nördliche Napfvorland zum Jura auftut. Am nahen Gipfelhang nach rechts ausholend bequem zum Gipfel des *Napf*.

Abstiege vom Napf
Napf–Arni–Wasen 👣 4 Std.
Napf–Schynenalp–Langnau 👣 5 Stdt. 20 Min.
Napf–Schynenalp–Trubschachen 👣 5 Std.
Napf–Turner–Trubschachen 👣 4 Std. 40 Min.
Napf–Zinggenstall–Trub 🚋 4 Std. 40 Min.
Napf–Höchänzi–Fankhaus 🚋 3 Std.
Napf–Höhstullen–Fankhaus 🚋 1 Std. 35 Min.
Napf–Ahorn–Eriswil 🚋 4 Std. 30 Min.
Napf–Schlegel–Mettlenalp (🚋 auf Bestellung 35 Min.)
sowie nach Escholzmatt 👣 3 Std. 15 Min., Schüpfheim 👣 3 Std., Entlebuch 👣 3 Std. 15 Min., Romoos 🚋 2 Stdt., Menzberg 🚋 2 Std. 35 Min., Willisau 👣 5 Std. 30 Min., Luthern 🚋 2 Std. 10 Min. und Luthernbad 🚋 1 Std. 10 Min.

22 Weier i. E.–Fritzenflue–Ahorn

Schöne Wanderung über den Höhenzug nördlich des Hornbachgrabens zum bekannten Aussichtspunkt Ahorn. Gute Schuhe erforderlich. Hartbelag am Anfang.

Route	Höhe in m	Hinweg	Rückweg
Affoltern-Weier 🚂	737	–	2 Std. 45 Min.
Unterhorn	826	40 Min.	2 Std. 15 Min.
Guggli	920	1 Std. 05 Min.	2 Std.
Oberwald/Schaber	928	1 Std. 15 Min.	1 Std. 50 Min.
Hornbachegg	1011	2 Std.	1 Std. 10 Min.
Fritzenflue	929	2 Std. 20 Min.	45 Min.
Bettler	1027	2 Std. 45 Min.	25 Min.
Ahorn	1139	3 Std. 15 Min.	–

Das Dorf Weier im Emmental gehört politisch zur Gemeinde Affoltern. Es verdankt seine Entwicklung dem Bau der Bahn, die 1908 eröffnet wurde. Vorher stand hier ausser einigen Wohnhäusern nur das Gasthaus zum Kreuz. Westlich der Station *Affoltern-Weier* über den Bahnübergang zur Käserei und auf der Asphaltstrasse aufwärts, die sich durch die Hofgruppen Schweikhof und Mülistettlen über die Tallehne emporwindet. Schöner Blick über Affoltern mit seinem Käsbissenturm hinweg zum Luegdenkmal. Von der Gabelung oberhalb Mülistettlen steiler bergan auf ein Plateau mit prächtiger Sicht über die Schonegg zu den Bergen und rückwärts zum Jura. Durch den Wald zu den in einer Senke stehenden stattlichen Höfen von *Unterhorn* (nach Dürrenroth 🚂 1 Std.), dann auf steilem Teersträsschen hinauf zum Hof Oberhorn. Einmal am Saum, dann wieder im Wald oder zwischen Äckern und Wiesen, schraubt sich der angenehme Wanderweg nun zum *Guggli* (nach Dürrenroth 🚂 50 Min.) empor, einem Feld am hohen Saum des Flüewaldes. Ein Abstecher von kaum einer Minute nach links führt zu einem Bänklein, wo sich die prachtvolle Aussicht in Musse geniessen lässt. Durch den Wald oder an seinem Rand geht es über eine Bergrippe

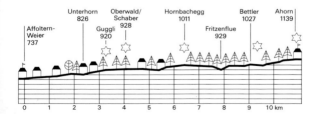

aufwärts, bis man durch einen Einschnitt in die Strasse Sumiswald–*Oberwald* gelangt. Auf dieser etwa 200 m nach links, dann nach rechts zur Waldecke vor dem Gut *Schaber* (Pt. 928; nach Dürrenroth 🚌 1 Std., nach Sumiswald 🚌 1 Std. 25 Min.). Von den Ruhebänken am hilben Waldrand prächtige Sicht auf den Alpenkranz. Auf dem Gang auf ebenem Strässchen am Schabergut vorüber zum Waldeingang am Nordfuss des sagenumwobenen Bärhegenchnübelis schaut man ins Tal von Wyssachen und zum Gasthaus Oberwald hinüber.

Oberhalb der Ferienhäuser am Waldsaum aufwärts, dann fast eben durch den Waldhang um das Chnübeli herum zu den Höfen von Freudigenegg. 100 m hinter dem zweiten Gehöft auf grasiger Wegspur einige Schritte nach rechts, dann nach links in den Wald. Kurzer Steilaufstieg auf rauhem Pfad, dann auf fast ebenem Weglein quer durch die Flanke des Gitzichnübelis (Pt. 997) und in ständigem Auf und Ab auf der bewaldeten Bergrippe zur *Hornbachegg* (Pt. 1011.2). Umfassende Aussicht über das waldreiche hügelige Vorland zum Jura und bis in den Schwarzwald hinunter. Rechts an der Scheune vorbei zur grossen Linde, dann auf weichem Weg am Waldrand leicht abwärts wieder in den Wald. Auf dem einmal breiten, dann wieder schmalen Waldrücken, der die Gemeindegrenze bildet, geht es ostwärts und zuletzt auf schmalem Pfad hinunter zur *Fritzenflue* (nach Eriswil 🚌 1 Std.). Die Strasse Eriswil–Wasen durchbricht hier in einem Tunnel den sehr schmalen Grat, über den der Pfad gegen Ahorn weiterführt. Vorsicht geboten!

Auf sehr rauhem und steilem Pfad, immer im Wald, hinauf auf den Chäpplerspitz, dann auf bequemen Wegen auf dem bewaldeten Höhenzug bis zur Wegkreuzung beim *Bettler* (Pt. 1027; nach Eriswil 🚌 50 Min.). Sehr schöner Ausblick auf das Quellgebiet der Grüene (Ruhebank). Auf dem Höhensträsschen über die freie Riedegg bis zur zweiten Wegverzweigung beim Chipferweidli. Hier rechts, dann nach links durch das Wäldchen aufwärts. Mit packenden Ausblicken nach Norden und Süden über die Wasserscheide zwischen Langete und Hornbach weiter bergan, dann auf lauschigem Fussweg durch die Waldflanke des Schilt nach *Ober Ahorn*.

Abstiege vom Ahorn siehe Route 26.

23 Dürrenroth–Wyssachen–Eriswil

Kurzweilige Querwanderung über drei vom Oberwald und der Fritzenflue nach Norden verlaufende Hügelzüge. Teilstücke auf Hartbelag.

Route	Höhe in m	Hinweg	Rückweg
Dürrenroth/Station 🚂	669	–	1 Std. 45 Min.
Heimigenneuhus	770	40 Min.	1 Std. 10 Min.
Wyssachen 🚂	694	55 Min.	50 Min.
Bergli	761	1 Std. 05 Min.	40 Min.
Belzhöchi	788	1 Std. 30 Min.	20 Min.
Eriswil	741	1 Std. 45 Min.	–

Auf steilem Fussweg und über eine Treppe in die Dorfstrasse von *Dürrenroth* (S. 169) empor, wo die Kirche mit den Gaststätten und der Post einen schmucken Ortskern bildet. Links am «Kreuz» vorbei zum wappenverzierten Brunnen, dort quer über die Oberwaldstrasse und an stattlichen Bauernhäusern vorbei auf den angenehmen Flurweg, der das flache Feld überquert und sich zum Flüebach senkt. An der jenseitigen Weggabel geradeaus und in links ausholender Schlaufe über den Rain hinauf. Blick auf das Dorf und auf die auf der Chaltenegg sitzenden stolzen Höfe. Jeder Schritt ein Genuss, auf weichem Weg ebenaus zum Hof Schnidersgraben, der rechts umgangen wird, worauf man rechts ausholend auf dem geteerten Zufahrtssträsschen in die Sohle des Heimigentälchens absteigt (Pt. 696). Auf der Asphaltstrasse kurze Zeit am nur teilweise offenen Bächlein aufwärts bis zum nächsten geteerten Gütersträsschen, das nach links zum Hof *Heimigenneuhus* ansteigt. Von dort auf steilem geradlinigem Graspfad auf die nahe Egg (Pt. 770; nach Huttwil 🚂 1 Std.). Hinter uns grüsst der Kirchturm von Dürrenroth, vor uns derjenige von Wyssachen. Blick auf die vielen Einzelhöfe vor den Waldhöhen des Ahorngebiets. Nun auf Asphalt bergab zu den Höfen von Hägsbach und vom zweiten, vor dem eine mächtige Linde steht,

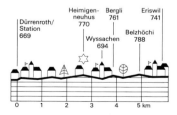

nach *Wyssachen* (S. 172; nach Huttwil 🚂 1 Std.) hinaus. Neben der Postautohaltestelle in die Bachmulde, in der der Dorfteil Dürrenbühl steht. Zwischen der Schmiede und der spruchbemalten Käserei in einen Fussweg hinauf, der an einem Gehöft vorüber steil in den Rain ansteigt. An einem Buchensaum folgt man einer kaum mehr sichtbaren stotzigen Wegspur, um dann auf breiterem Grasweg die Höhe des *Bergli* zu gewinnen. Schöner Tiefblick auf die Kirche und den eigentlichen Dorfkern der weitverstreuten Ortschaft Wyssachen. Auf dem kleinen Plateau, das ostwärts überquert wird, schöne Sicht durch das Langetetal hinaus zum langen Jurawall. Vom ersten Rank des nordwärts fallenden Fahrweges auf grasigem Fussweg hinunter in den Wald und durch diesen zu einem gelben Wohnhaus im Talgrund. Nun auf dem Fahrweg am Bächlein aufwärts und steil am Hof Chaufacher vorüber zur *Belzhöchi* (Pt. 788; nach Huttwil 🚂 1 Std.). Wiederum schöner Ausblick zum Jura und nun auf das nahe Dorf Eriswil. Auf Asphalt über Belzhus abwärts und parallel zur Talstrasse durch die Schneggengass zur Langete und leicht aufwärts zur Bus-Haltestelle von *Eriswil* (S. 169).

24 Dürrenroth–Oberwald–Wasen i. E.

Kurze schöne Wanderung über die Höhe des Oberwalds. Hartbelag zu Beginn und am Schluss.

Route	Höhe in m	Hinweg	Rückweg
Dürrenroth/Station 🚂	669	–	2 Std.
Längweid	790	45 Min.	1 Std. 25 Min.
Oberwald/Gasthaus	884	1 Std.	1 Std. 10 Min.
Oberwald/Schaber	928	1 Std. 15 Min.	1 Std.
Fuss Bärhegenchnübeli	940	1 Std. 25 Min.	50 Min.
Wasen/Station 🚂	744	2 Std.	–

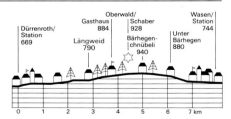

Sumiswald, Dürrenroth, Huttwil

Von der Station steil hinauf ins Dorf *Dürrenroth* (S. 169). Links am «Kreuz» vorüber zum wappenverzierten Brunnen und auf der leicht ansteigenden Strasse zum südlichen Dorfende (Pt. 717). Nun auf der geteerten Oberwaldstrasse nach links zum Hof Fraumatt mit bemaltem Speicher von 1724 und weiter taleinwärts zum Flüebach. Hier auf dem Fahrweg nach links hangaufwärts. Oberhalb des Gehöftes Fraumattweid biegt der Weg nach rechts um zum Hof Bösberg. Nun zieht sich ein weicher Grasweg leicht steigend durch den weich geformten Talhang. Er streift ein Wäldchen und gewinnt am nächsten Gehöft vorüber bei einer markanten Eiche die freie Anhöhe gegenüber den Höfen von *Längweid* (nach Huttwil 🚶 1 Std. 25 Min.). Schöner Rückblick zum Jura. Dort wo der Weg zu den Höfen umbiegt, auf schwacher Wegspur durch die Wiese und dem östlichen Waldsaum entlang in den Oberwald. An der nächsten Wegspinne geradeaus und durch einen steilen Hohlweg bergan. Auf der Höhe des Waldkammes betritt man das von Wyssachen aufsteigende Strässchen, das zum *Gasthaus Oberwald* (nach Wyssachen 🚍 40 Min.) ansteigt. Beim Waldaustritt prächtiger Blick ins Tal der Wyssachen mit vielen Einzelhöfen. An den Waldhöhen des Ahorn vorbei grüssen Rigi und Glärnisch. Am Gasthaus sind die aufgemalten biblischen Szenen beachtenswert.
Die Strasse steigt in den Flüewald hinauf und führt durch diesen fast ebenhin westwärts. An der Gabelung tritt man nach links zum Waldsaum hinaus (Pt. 928; nach Dürrenroth 🚶 1 Std., nach Weier 🚶 1 Std.), wo ganz unvermittelt der Kranz der Berner Alpen vom Schreckhorn bis zum Ochsen vor einem steht. Gerade gegenüber liegt die Lüderenalp (Ruhebänke). Am nahen Hof *Schaber* vorüber, einen schönen Blick ins Tal von Wyssachen bietend, läuft das Höhensträsschen zum Waldeingang am Nordfuss des *Bärhegenchnübelis* hinüber, wo Ferienhäuser stehen. (Gleich am nächsten Waldeingang führt ein Fussweg zur Stätte der einstigen Fliehburg hinauf.) Der Weg nach Wasen windet sich rechts um das Chnübeli herum und senkt sich dann zum Waldausgang, wo man einen schönen Überblick auf das Gebiet der Lüderen mit seinen Eggen und Gräben bekommt. Ein Teersträsschen fällt zu den Höfen von Ober Bärhegen, überquert den freien, aussichtsreichen Hügelrücken nach *Unter Bärhegen,* um dann durch ein Wäldchen zuweilen sehr steil in die Stägmatt abzufallen. Über den Hornbach ins schmucke Dorf *Wasen* (S. 172), das bis zur Station zu durchschreiten ist.

25 Huttwil–Nyffenegg–Ahorn–Napf

Kurzweiliger Aufstieg zum beliebten Ausflugsziel Ahorn und in aussichtsreicher Höhenwanderung weiter zur Rigi des Emmentals. Nur mit gutem Schuhwerk. Asphaltteilstücke bis Ahorn.

Route	Höhe in m	Hinweg	Rückweg
Huttwil 🚋 🚌	638	–	5 Std. 30 Min.
Nyffel	671	30 Min.	5 Std.
Nyffenegg	783	1 Std.	4 Std. 40 Min.
Hegen	866	1 Std. 40 Min.	4 Std.
Ahorn	1139	2 Std. 45 Min.	3 Std. 15 Min.
Naturfreundehaus	1149	3 Std. 45 Min.	2 Std. 15 Min.
Höchänzi	1322	4 Std. 50 Min.	1 Std. 15 Min.
Napf	1407	6 Std. 15 Min.	–

Über *Huttwil* S. 170. Vom Bahnhof durch die Bahnhofstrasse ins Städtchen, wo die schönen Gebäude des Stadthauses, der Post und des Hotels Mohren mit der Kirche und dem blumenstrotzenden Brunnenplatz den sehenswerten Ortskern bilden. Der «Mohren» war im Mittelalter ein sogenannter Freihof, wo Verfolgte Zuflucht fanden. Durch die Eriswilstrasse an der grossen Sägerei und am Friedhof vorbei auswärts bis zur Gabelung im Ortsteil Uech. Nun auf der Nyffelstrasse der baumgesäumten Langete entlang und am hohen Ufer des Nyffelbaches zum alten Schulhaus *Nyffel,* das ein Heimatmuseum beherbergt. Hier nach rechts aufwärts und gegenüber dem neuen Schulhaus nach links auf die geteerte Strasse, die an den Nyffelhöfen vorüber und den Nyffelwald streifend aufwärts führt. Parallel zur Strasse besteht im Wald ein Fusspfad. Bei einem kleinen Gehölz betritt man durch einen Zaundurchlass einen grasigen Fussweg, der über das Weidebord zu einem ebenen Feldweg aufsteigt, auf dem man bequem zu den von vielen Obstbäumen umgebenen Höfen von *Nyffenegg* (nach Tschäppel 🚌 15

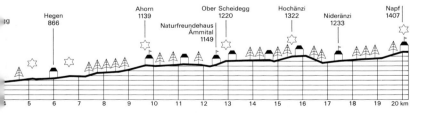

Min). gelangt. Ein Fahrweg zieht sich nun nach rechts ansteigend um den nächsten Hügel und durch weite Felder gemächlich aufwärts. Durch einen buschigen Hohlweg steil aufwärts, dann auf anfänglich vergrastem Feldweg über das Plateau weiter, das rechts von schönen Eichen gesäumt ist. Ein Wäldchen streifend zur Obertalhöchi.

Eine Bank unter einer Tanne lädt dazu ein, den prächtigen Ausblick über die Hügelwelt des Oberaargaus bis an den Jura zu geniessen. Auf breitem Fahrweg auf dem Bergrücken zwischen dem Tal der Langete und dem Neuligengraben südwärts, dann über Hitzenberg (Pt. 862) und rechts am Chüechnubel vorbei in die Einsattelung bei der Hofgruppe *Hegen.* Rechts unten Eriswil. Der breite Weg ersteigt nun einer Hecke entlang die Geländekuppe über dem grossen Hof Gruenholz (Pt. 918). Prächtiger Ausblick nach Norden und zum Pilatus. Nun auf breiter Asphaltstrasse leicht abwärts und zum nahen Eingang des Dürrschwändiwaldes hinüber. Einmal auf Fusswegen westlich der Strasse, dann auf dem alten Fahrweg östlich davon, gewinnt man satt an der Kantonsgrenze durch den prächtigen Tannenwald verkehrsfrei an Höhe, so dass zum Schluss bis zum Restaurant *Ahorn* nur noch während 15 Min. die Strasse zu benützen ist.

Beim Grenzstein Bern–Luzern auf dem Ahornhubel (1139,6 m) geniesst man einen interessanten Einblick in das Napfgebiet und das luzernische Hügelland, vor allem aber eine grossartige Rundsicht, die sich vom Säntis über die Zentralschweizer und Berner Alpen bis zu den Freiburger Bergen

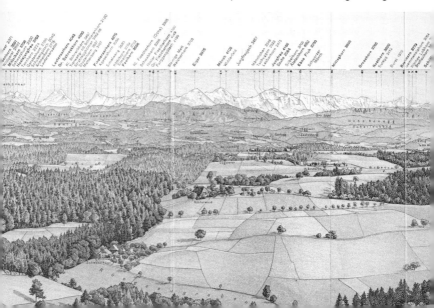

erstreckt und auch ein langes Stück des Jurawalles umfasst. Lägern, Üetliberg und Schwarzwald sind gut sichtbar.

Vom Restaurant Ahorn entweder auf dem Strässchen auf der Luzerner Seite dem Ahornhubel entlang zum Ferienhaus am Ahornsattel oder auf Hartbelag auf der Berner Seite zur Wirtschaft Brästenegg und auf weichem Grasweg durch den Südhang dorthin.

Der Weg steigt nun längs der die Kantonsgrenze bildenden Grathöhe zum Fuss des Gumen und führt auf der Berner Seite bequem durch den Sonnenhang zum Gehöft Chatzerschwand. (Bei Schiessbetrieb ist dort die markierte Umleitung zu beachten.) Auf ebenem Karrweg nach rechts und nach 200 m beim Brünnlein auf Fussweg zur Grathöhe, wo sich ein herrlicher Blick zum langen Jurawall bietet. Der Pfad quert darauf den Waldhang und fällt dann zu einer schmalen Weide. Durch diese und über die nach einem Waldstück anschliessende Rasenegg hinunter in die Einsattelung vor dem *Naturfreundehaus Ämmital.* Auf steilem Fussweg zu dem schmucken Bergheim hinauf, das für 60 Personen Unterkunft bietet (Schlüssel gegen Ausweis im Berggehöft Höchschwändi erhältlich). Neben dem Haus lässt sich behaglich Wanderrast halten. Längs dem Weidehag über den Rasenrücken

Gipfelsicht von der Lueg bei Affoltern i. E. (Routen 4 und 9). Ausschnitt aus dem leider vergriffenen «Panorama vom Heiligenlandhubel (Lueg)» von Eduard Henzi, Hasle.

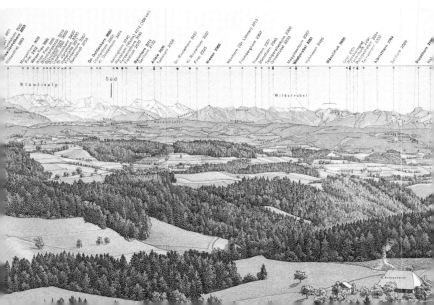

bergan, dann auf fast ebenem Fussweg links um die kreuzgeschmückte Kuppe der *Ober Scheidegg* (Pt. 1235) herum. Zu Füssen des nun sichtbaren Napfgipfels dehnt sich das Mosaik von Wäldern und Eggen des hintern Lutherntales. Die Berge vom Säntis über den Pilatus zum Feuerstein säumen den Horizont. Am einsamen Berggehöft vorbei (nach Luthern ▄▄ 1 Std. 30 Min.) zum Wald. Innerhalb des Saumes auf wurzelbedecktem Weg leicht aufwärts, dann auf rauhem Pfad steil in einen Sattel hinab, aus dem es mit Blick in die stille Welt des Hornbachgrabens am westlichen Waldsaum dicht an der Kantonsgrenze wieder aufwärts geht. Auf gutem Karrweg gewinnt man darauf die Weidekuppe beim Eggstall. Es folgt ein recht rauhes Wegstück im Wald, ehe man sich durch die bucklige Weide direkt südwärts wendet zum Wegweiser auf der *Höchänzialp* (nach Lüderenalp ▄▄ 2 Std. 10 Min. Trub ▄▄ 3 Std. 10 Min., Trubschachen ▄▄ 3 Std. 45 Min., Wasen ▄▄ 3 Std.) Ebenwegs zum nahen Wegweiser südlich Pt. 1368, wo man unvermittelt das prachtvolle Alpenpanorama vor sich hat (nach Fankhaus ▄▄ 1 Std. 40 Min.) Nun in stetem Auf und Ab, wie bei Route 21 über *Nideränzi* zum *Napf*.

26 Huttwil–Eriswil–Ahorn

Abwechslungsreiche Wanderung über aussichtsreiche Höhen zum beliebten Ausflugsziel Ahorn. Teilstücke auf Hartbelag.

Route	Höhe in m	Hinweg	Rückweg
Huttwil ▄▄ ▄▄	638	–	2 Std. 30 Min.
Gummen	718	35 Min.	2 Std.
Belzhöchi	800	1 Std.	1 Std. 40 Min.
Eriswil ▄▄	741	1 Std. 20 Min.	1 Std. 15 Min.
Rinderweid	839	1 Std. 45 Min.	1 Std.
Bettler	1027	2 Std. 25 Min.	25 Min.
Ahorn	1139	3 Std.	–

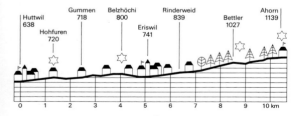

Über *Huttwil* Seite 170. Vom Bahnhof zum nahen Gasthof Ochsen, rechts in die Moosstrasse und an der Sägerei vorüber aufwärts. Um den stattlichen Hof Moos herum windet sich das Strässchen zum Hof Innere Schlüecht hinan, unmittelbar unter dem Wasserreservoir. Auf grasiger Wegspur links durch die Weide zum Bänklein am Waldeingang und auf dem Fussweg am Waldsaum zur Hofgruppe *Hohfuren* hinauf. (Ein kurzer Abstecher am obern Waldrand nach rechts zu einer Linde mit Ruhebank wird durch einen prächtigen Ausblick auf Huttwil und über das Langetetal zum Jura belohnt.)
Auf grasiger Wegspur dem Weidezaun und den Ackerrändern entlang durch die Mulde in das geteerte Strässchen hinüber und auf diesem nach rechts zum Gummenhof und leicht ansteigend zur Hofgruppe *Gummen*. Blick über das Tal zum Zwanghubel und zu den Höfen auf der Chaltenegg. Beim hübschen Speicher auf dem Feldweg links aufwärts nach Oberbüel. Schöner Rückblick über das Langetetal zum Jura. Auf Asphalt einer Kirschbaumreihe entlang zum Hof Schlegel, dann am nahen Wäldchen aufwärts und wie auf einem Teppich schreitend zum Ölichnubel.
Freier Rundblick über die formenreichen beidseitigen Talfurchen mit den vielen Höfen und zu den bewaldeten Höhen um die Fritzenflue.
Weiter zur *Belzhöchi* (nach Wyssachen ▄▄ 35 Min.), wo Eriswil sichtbar wird. Auf steilem Graswegein zum nahen Hof Belz hinunter, dann auf sachte fallendem Teersträsschen dorfwärts. Parallel zur Talstrasse längs der Häuserreihe der Schneggengass zur jungen Langete und leicht aufwärts zur Bushaltestelle *Eriswil* (S. 169).
Zur nahen Post und links an dieser vorbei zum Hürnlisbach. Über den Steg und auf gutem Fussweg einige Minuten am muntern, von Bäumen gesäumten Gewässer aufwärts. Von der Brücke im Hinterdorf rechts aufwärts zur Ahornstrasse. Diese kreuzen und auf steilem Fahrweg durch eine buschige Hohle auf die Feldterrasse südlich des Dorfes, dann wiederum durch einen schattigen Hohlweg zur Höhe der *Rinderweid*. Überall in der Runde stehen stattliche Einzelhöfe. An der nächsten Weggabel nach links und auf Hartbelag an einem Gehöft vorüber mühelos zum Bänklein am Eingang des Vorderwaldes. Im Wald durch einen sehr steilen Hohlweg bergan und an den nächsten Gabelungen jeweils links aufwärts. Später legt sich der Weg an den Waldsaum und bietet einen lieblichen Blick in den Talgrund der jungen Langete.
Kurze Zeit auf schmaler Waldrippe verlaufend, steigt der Weg schliesslich am Wald am Hof Gunter vorüber gemächlich zur Wegkreuzung beim *Bettler* (Pt. 1027; nach Weier ▄▄ 2 Std. 20 Min.), wo man die waldigen Gräben und runden Eggen des Quellgebiets der Grüene vor Augen hat. (Ruhebank).
Auf dem Höhensträsschen über die freie Riedegg bis zur zweiten Verzweigung beim Chipferweidli. Hier rechts, dann nach links durch das Wäld-

chen aufwärts. Mit packenden Ausblicken nach Norden und Süden über die Wasserscheide zwischen Langete und Hornbach weiter bergan, dann auf lauschigem Fussweg durch die Waldflanke des Schilt nach *Ober Ahorn*.

Abstiege vom Ahorn
Ahorn–Rinderweid oder Dürrschwändiwald–Eriswil 🚌 1 Std. 15 Min.
Ahorn–Rinderweid–Eriswil–Belzhöchi–Huttwil 🚌 2 Std. 30 Min.
Ahorn–Dürrschwändiwald–Nyffenegg–Huttwil 🚌 2 Std. 15 Min.
Ahorn–Fritzenflue–Hornbachegg–Schaber–Weier 🚌 2 Std. 45 Min.
Ahorn–Fritzenflue–Hornbachegg–Freudigenegg–Wasen 🚌 2 Std.

27 Eriswil–Fritzenflue–Wasen i. E.

Lohnende Wanderung über die waldreiche Wasserscheide zwischen Grüene und Langete. Kurzes unangenehmes Strassenstück vor der Fritzenflue.

Route	Höhe in m	Hinweg	Rückweg
Eriswil 🚌	741	–	2 Std. 35 Min.
Fritzenflue/Parkplatz	929	1 Std.	1 Std. 40 Min.
Hornbachegg	1011	1 Std. 30 Min.	1 Std. 20 Min.
Freudigenegg	962	1 Std. 45 Min.	50 Min.
Wasen 🚌	744	2 Std. 20 Min.	–

Von der Bushaltestelle *Eriswil* (S. 169) aufwärts zum Dorfplatz mit dem «Bären». (Malerei und Inschriften am Rundbogen). Auf der Strasse nach Wasen am Altersheim vorüber dorfauswärts bis zum Schützenhaus. Nun auf dem Nebensträsschen über dem Wiesengrund der jungen Langete über Gsang taleinwärts. Beim Hof *Langeten* scharf nach rechts und etwa 100 m aufwärts, dann wieder in bisheriger Richtung in das stille Chüemoos hinein

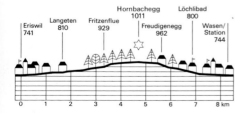

Heuet auf dem Breitenboden im Napfbergland.

und an einem Feldstall vorbei in den Fluewald. An den Gabelungen des Waldweges nach rechts und flach zum Waldausgang gegenüber dem Restaurant Fritzenflue. Während 10 Min. d. h. bis zum Parkplatz am Südportal des Strassentunnels hat man nun der Verkehrsstrasse zu folgen. Von dort auf schmalem Fussweg zur Höhe des scharfen durchtunnelten Waldgrates der *Fritzenflue* und nach links. Vorsicht geboten! Anfänglich ist der Pfad hier etwas beschwerlich, später geht es mühelos auf weichem Waldboden auf dem einmal schmalen, dann wieder breiteren Waldrücken westwärts, der die Gemeindegrenze zwischen Sumiswald und Wyssachen und die Wasserscheide zwischen Langete und Grüene bildet. Am hilben Waldrand zur *Hornbachegg* und an der Scheune vorüber zum höchsten Punkt (1023 m), wo sich eine umfassende Aussicht über das waldreiche hügelige Vorland zum Jura und bis in den Schwarzwald hinaus bietet. Der anschliessende Waldpfad streift bald eine Weide, wo man über den Hornbachgraben zum Arnichnübeli hinüber schaut, und führt dann auf der bewaldeten Berggrippe zum Gitzichnübeli (997), das man in der Steilflanke umgeht. Nun auf rauhem Pfad sehr steil zur nahen *Freudigenegg* hinunter (nach Weier 🚌 1 Std. 15 Min.). 100 m vor dem Gehöft auf weichem Grasweg links abwärts. Mit hübschen Ausblicken schlingt sich der Weg durch das furchige Gelände talwärts. Auf steilem Fussweg in ein Seitentälchen des Hornbachgrabens hinab und auf Hartbelag am *Löchlibad* vorüber in die Stägmatt. Längs der Talstrasse über den Hornbach ins Dorf *Wasen* (S. 172), das bis zur Station in seiner ganzen Länge zu durchschreiten ist.

Langnau und Umgebung

28 Zollbrück–Geilisguetegg–Lüderenalp

Bis zur prachtvollen Hofgruppe Ried Hartbelag, dann landschaftlich und wegmässig schönster Aufstieg zur Lüderenalp

Route	Höhe in m	Hinweg	Rückweg
Zollbrück 🚂	626	–	2 Std. 15 Min.
Ried	675	20 Min.	2 Std.
Geilisguetegg	932	1 Std. 10 Min.	1 Std. 30 Min.
Fluehüsli	1007	1 Std. 50 Min.	1 Std.
Ober Rafrüti	1201	2 Std. 50 Min.	15 Min.
Lüderenalp 🚌	1144	3 Std.	–

Auf der Station *Zollbrück* (S. 172) die Unterführung durchqueren, am Ausgang nach links und zu den nahen Chalets hinüber. Dort auf dem Fussweg zum Terrassenrand hinauf und nach rechts zur Wegkreuzung beim Harzer. Links das Schulhaus Tan, etwas weiter zurück das alte Schulhaus, das an der Stätte des einstigen Landgerichts Ranflüh steht, dahinter das Dorf Ranflüh. Nun auf breiter Asphaltstrasse über das sachte ansteigende Ackerplateau der Riedmatten zu den Höfen von *Ried* (nach Ramsei 🚂 1 Std.). Es gibt im Emmental wohl kaum einen zweiten Bauernweiler mit einer derart geschlossenen Bauweise.

In bisheriger Richtung dem von Erlen gesäumten Bächlein entlang in den Graben hinein. In raschem Anstieg gewinnt das Strässchen die Höhe über dem Oberspachgraben und zieht sich am Hof Glattenwasen vorüber in einer Schlaufe in den Raufliwald hinauf. Von einer Bank am Waldrand sehr schöner Ausblick ins Emmental mit Zollbrück und Lauperswil und zu den Bergen. Von Pt. 842 im Wald sehr steil ansteigend, erreicht man bei zwei stattlichen Linden den Rand des Unterfrittenbachgrabens, über den der Schibengütsch und der Hohgant herüberschauen. Nun windet sich das Strässchen am Waldsaum zur *Geilisguetegg* (Pt. 932; nach Ramsei 🚂 1 Std. 30 Min.) hinan.

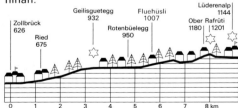

Erntezeit auf der Terrasse des Hochfeldes oberhalb Zollbrück (Route 28).

Neben einem Ferienhaus laden Bänke zum Geniessen der prachtvollen Aussicht ein. Das nun folgende Wegstück gehört zum schönsten, was das Emmental dem Wanderer noch zu bieten hat. Es steht zunächst im Bann des Ausblicks über die stille Welt des Unterfrittenbachs zu den Bergen. Ebenen Weges erreicht man über die Egg den stattlichen Hof Geilisguet. Dort mit Blick über den Heimisbachgraben und die Lueghöhen zum Jura am Waldrand geradeaus. Waldaufwärts und vom Ausgang durch die Wiesenflanke der *Rotenbüelegg* an einem Stall vorüber abwärts zum Wegweiser südlich Rotenbüel (nach Chramershus 🚌 50 Min.). Über die schmale Egg zwischen Binz- und Unterfrittenbachgraben wandert man an den sonnseitigen Waldrand hinüber, dem man am einsamen Gehöft Rotenbüel-Sunnberg vorüber folgt. Durch den Wald zum Wegdreieck beim *Fluehüsli* (Pt. 1006; nach Langnau 🚌 🚌 2 Std.) Es folgt wieder ein beglückendes Wegstück am Waldrand zum Wegweiser gegenüber St. Oswald.

Am Platz des Berggehöfts St. Oswald, auch Dosel oder «Toosu» genannt, stand bis zur Reformation eine Wallfahrtskapelle, die 1394 von Ritter Burkhart von Sumiswald gestiftet wurde.

Auf sehr steilem, rauhem Weg erklimmt man den schmalen Gratrücken oberhalb St. Oswald, den man auf weichem Weideboden überwandert, wobei sich ein erstaunlich weiträumiger Ausblick nach Norden bietet. In der Tiefe zur Rechten der grüne Oberfrittenbachgraben, darüber die Aussichtskuppe von Ober Rafrüti.

Durch den Wald hinunter in den Sattel beim Gehöft Sunnberg und über die nächste Anhöhe zum Tällihüttli, am hübschen Lärchensaum. Auf steinigem Karrweg durch den steilen Weidehang zum Berghof *Ober Rafrüti* empor (nach Langnau 🚌 🚌 2 Std. 10 Min.). Über die luftige Rasenegg, eine einzigartige Aussichtsrampe, zum höchsten Punkt der Route (Pt. 1201,8), wo in hübscher Baumgruppe ein Rastplatz einlädt. Man befindet sich hier auf einem der hervorragendsten Aussichtspunkte des Emmentals, der das Glück hat, nur zu Fuss erreichbar zu sein. Die Rundsicht ist nur nach Osten von Wald unterbrochen. Der Ausblick nach Norden und Westen über das wie eine Landkarte ausgebreitete Gewoge von Höhenzügen und Gräben hinweg zum Jura ist überwältigend, das Alpenpanorama grossartig.

Durch das Gatter in den nahen Wald, über die Rippe abwärts in den Sattel und über den nächsten Gratbuckel hinweg in einen Pfad, der sich durch den Rasenhang in das zur nahen *Lüderenalp* führende Strässchen senkt.

29 Zollbrück–Lauperswil–Moosegg–Zäziwil

Abwechslungsreicher Aufstieg zur Moosegg. Berührt die kunsthistorisch bedeutsame Kirche von Lauperswil, die Ruine Wartenstein und prachtvolle Aussichtspunkte. Teilstücke auf Hartbelag.

Route	Höhe in m	Hinweg	Rückweg
Zollbrück 🚂	626	–	4 Std.
Lauperswil	646	25 Min.	3 Std. 35 Min.
Wartenstein	787	50 Min.	3 Std. 15 Min.
Hinter Längholz	915	1 Std. 20 Min.	2 Std. 50 Min.
Moosegg/Waldhäusern 🚌	967	2 Std.	2 Std. 15 Min.
Blasenflue	1118	2 Std. 35 Min.	1 Std. 50 Min.
Chäneltal	885	3 Std. 15 Min.	1 Std.
Zäziwil 🚂	680	4 Std.	–

Von der Station *Zollbrück* (S. 172) zur nahen Emme und vom linksufrigen Brückenkopf auf dem Dammweg ca. 10 Min. flussaufwärts, dann auf einem in ein Flursträsschen übergehenden Feldweg durch die Hüslimatt zum untern Dorfrand von *Lauperswil* (S. 170) hinüber. Auf dem Trottoir hinauf ins

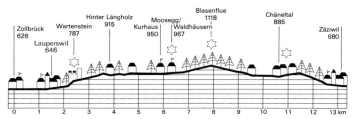

Dorf. Gegenüber der reich ausgestatteten Kirche am hübschen Speicher und der Post vorüber und neben dem Schulhaus aufwärts. Vom obersten Bauernhaus auf gutem Weg mit schönem Talblick schräg durch den Rain und am Wald aufwärts. Später auf tüchtig ansteigendem, dann dem Fuss einer Fluh folgendem Waldpfad zur *Ruine Wartenstein* hinauf, die auf einem Treppenpfad erreichbar ist. Ein Fahrweg steigt zum Gehöft Burgweidli und mündet in das nach Unter Burg aufsteigende Teersträsschen. Eine Kehre kann über das Rasenbord abgekürzt werden. Prächtiger Ausblick über das Emmental zum Jura. Weiter aufwärts zum schöngelegenen Gehöft Burgchnubel. Drunten grüsst der Kirchturm von Lauperswil. Ein weicher Grasweg steigt steil zum Waldrand auf, wo sich ein prachtvolles weiträumiges Landschaftsbild ausbreitet (Ruhebänke). Die Berge vom Pilatus bis zum Niesen sind aufgereiht. Im Mittelpunkt des Bildes liegt Langnau.

In beglückend schöner Wanderung am Wald weiter, worauf der Weg steil zur Höhe des Waldplateaus steigt und bequem über dieses weiterläuft, bis man auf einem Grasteppich zum Hof *Hinter Längholz* absteigt (nach Lützelflüh 🚌 1 Std. 25 Min.). Einige Schritte im Wald, dann am Saum, von wo man auf Langnau niederschaut, in einen soliden Fahrweg, der den steilen Waldhang durchquert, worauf auf grasigem Waldrandweg die freie Sängeregg erreicht wird. Weite Sicht nach Ost und West. Nun auf Asphalt aufwärts zum Hof Felbach und mit herrlichem Alpenblick durch den Sonnenhang ebenaus zum alten und neuen Schulhaus Moosegg. Weiter auf der Strasse zur Käserei und kurz durch Wald zum *Kurhaus Moosegg*. Zuerst links, dann rechts die Strasse meidend, zum Gasthaus *Waldhäusern* in prachtvoller Aussichtslage. (Am Waldrand Ruhebänke). Auf breiter Asphaltstrasse 5 Min. westwärts zur Verzweigung bei Pt. 976. Hier auf zunächst steilem Weg über die Waldrippe empor, dann bequemer über den breiter werdenden Bergrücken weiter. An der Gabelung links, dann auf anfänglich recht steilem Fussweg geradeaus hangaufwärts. Ein weicher Waldpfad führt schliesslich zur Bank am Rande der *Blasenflue,* wo sich ein schöner Ausblick gegen das Napfbergland, Langnau und das Oberemmental bietet. Auf dem dicht bewaldeten Fluhplateau nach rechts in einen guten Waldweg, der sich westwärts senkt. Oberhalb des Hofes Hargartenberg bietet wiederum ein Wegstück am Waldsaum eine weitgespannte Aussicht. Nun resolut abwärts durch den Wald zur Wegspinne westlich der Hofgruppe Hargarten. Hier auf der Strasse geradeaus und dieser 200 m am Waldrand folgen, bis ein Waldweg abzweigt. Gegenüber dem Hof Langibach tritt man ins Freie und wendet sich unter der Hochleitung durch steil rechts abwärts in ein Betonsträsschen, das zu den Gebäuden des Kinderheims fällt. Über den gepflästerten Scheunenvorplatz in einen ebenen Hangweg, der an einem Hof vorüber eine seitliche Hangmulde quert und darauf einem Wäldchen entlang in den Weiler *Chäneltal* führt, der zur Gemeinde Oberthal gehört. Gegenüber dem Schulhaus auf steilem Strässchen bergan zum stattlichen Hof Stäffisberg und dort nach rechts an den Waldrand. Während man diesem auf weichem Weg folgt, sind an klaren Tagen über dem waldreichen Vordergrund des Churzenbergs und des Rämisgummengebietes die Berge vom Pilatus bis zur Gantrischkette aufgereiht. Der Weg biegt in den Wald ein, senkt sich durch den Nordhang und verläuft darauf auf schmalem Waldrücken.

Bei Pt. 927 wo er zu fallen beginnt, befindet sich links die Erdburg Breitchnubel. Weiter abwärts zu einer sonnigen Lichtung, wo angesichts des herrlichen Ausblicks eine Ruhebank einlädt. Dann am Waldrand hinunter zum nahen Hof Bueleberg und auf steilem Fussweg waldabwärts. Am Ausgang hat man das Kirchdorf Zäziwil steil zu Füssen (Ruhebank), in der Ferne überragt vom Stockhorn. Der Fussweg fällt steil zu einem Gehöft und folgt darauf dem Hag über das Steilbord hinunter bis nahe dem Talboden, den man nahe der Kirche erreicht. Auf der Oberthalstrasse ins schmucke Dorfzentrum von *Zäziwil* (S. 172).

30 Langnau i. E.–Dürsrüti– Lüderenalp

Aufstieg zu den grössten Weisstannen der Schweiz und Höhenwanderung zwischen den beiden Frittenbachgräben zum herrlichen Aussichtspunkt Ober Rafrüti. Bis Dürsrüti Hartbelag.

Route	Höhe in m	Hinweg	Rückweg
Langnau 🚂	673	–	3 Std.
Dürsrütiwald	910	1 Std. 10 Min.	2 Std. 10 Min.
Fluehüsli	1007	2 Std. 25 Min.	1 Std.
Ober Rafrüti	1180	3 Std. 20 Min.	20 Min.
Lüderenalp 🚌	1144	3 Std. 35 Min.	–

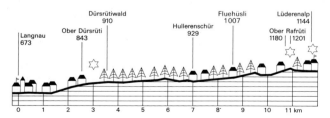

Über *Langnau* Seite 170. Vom Bahnhof durch die Marktstrasse aufwärts zum Bärenplatz und von dort durch die Oberstrasse dorfauswärts in den Ortsteil Cheer. Durch die Frittenbachstrasse bis zum Ende des Friedhofs. Hier zweigt die Dürsrütistrasse ab, die zu einer weiten Kehre ausholt. Ein im steilen Waldhang nach rechts ansteigender Fussweg schneidet diese ab. Bei einer Scheune betritt man oberhalb des Waldes die Asphaltstrasse wieder, die an den prächtig gelegenen Höfen von Unter- und *Ober Dürsrüti* vorüber zu den von schönen Eichen beschatteten Ruhebänken am Rand des Dürsrütiwaldes aufsteigt. Hier überblickt man die breite Ebene zwischen Emme und Ilfis, die sich gegen Signau hinzieht. Über den Waldkämmen der Hohwacht und des Churzenbergs grüssen die Voralpen und Alpen vom Schreckhorn bis zum Ochsen. Talüber, am Rand der dunklen Blasenfluekuppe, das Kurhaus Moosegg (nach Neumühle 🚍 50 Min.). Im *Dürsrütiwald* gelangt man bald zum bekannten Weisstannenreservat mit den grössten Vertretern dieser Art in der Schweiz. Diese sind 55 m hoch und haben auf Brusthöhe 130 bis 155 cm Durchmesser. Ihr Alter wird gegen 350 Jahre geschätzt. Der grösste der Riesen weist etwa 30 m³ Astholz auf. Am Ende des Reservats auf dem nach rechts abzweigenden Weg weiter, der darauf auf dem fast ebenen Waldrücken weiterläuft. Später folgt man hoch über dem Oberfrittenbachgraben dem sonnseitigen Waldsaum zum Sattel bei Pt. 936 mit mächtiger Linde und Ruhebank. (Am Wald schöner Rastplatz). Mit packendem Ausblick am westlichen Waldsaum bergan zu einem hochgelegenen Rasensattel mit wunderbarem Blick zu den Alpen und über den Unterfrittenbachgraben und die Hügelwelt des Unteremmentals zum Jura.
Die nächste Graterhebung (Pt. 991) durch die Waldflanke links umgehend, gelangt man bei Pt. 935, Chrattigen, in die von Frittenbach aufsteigende Asphaltstrasse und hat dieser etwa 15 Min. zu folgen. Sie legt sich bei wunderschönem Blick auf die Landschaft des Unterfrittenbachgrabens, mit den vielen Höfen am Sonnenhang, an den Waldrand (Ruhebänke) und biegt um die Hangrundung zum Hof und der Käserei *Hullerenschür,* die in einem Sattel zwischen den Gräben stehen. Dort wendet sich ein Fahrweg nach links rainaufwärts und folgt der schmalen Wasserscheide zum Hof Ober Hulleren hinüber, den mächtige Bäume umgeben. An der nächsten Weggabelung auf dem mittleren, aufsteigenden Weg in den Wald und geradeaus zum gut sichtbaren Grenzstein, wo man wie durch ein Fenster weit nach Westen schaut (Ruhebank). Aufwärts auf die schmale Waldrippe und mühelos durch den Wald und einer verträumten Waldwiese entlang zum einsamen Gehöft *Fluehüsli* und zum Wegdreieck im Wald bei Pt. 1007, wo sich mehrere Routen treffen (nach Ramsei 🚍 2 Std., nach Zollbrück 🚍 1 Std. 20 Min. Nun beinahe ständig der Egghöhe folgend über *Ober Rafrüti* zur *Lüderenalp* wie Route 28.

31 Langnau i. E–Rämis–Lüderenalp

Aussichtsreiche Aufstiegsroute über den Höhenzug des Hohgrates und des Rämisgrates zum hervorragenden Aussichtspunkt bei Ober Rafrüti. Teilstücke auf Hartbelag.

Route	Höhe in m	Hinweg	Rückweg
Langnau 🚂 🚌	673	–	2 Std. 35 Min.
Langenegg	830	45 Min.	1 Std. 40 Min.
Hohgrat (Gehöft)	940	1 Std. 10 Min.	1 Std. 20 Min.
Ober Rämis	1095	2 Std. 10 Min.	40 Min.
Ober Rafrüti	1201	2 Std. 40 Min.	15 Min.
Lüderenalp 🚌	1144	2 Std. 50 Min.	–

Vom Bahnhof *Langnau* (S. 170) durch die Marktstrasse hinauf zum Bärenplatz und dort zwischen «Bären» und Kirche aufwärts. Beim Gemeindehaus, hinter dem ein hübscher Speicher steht, links in die Haldenstrasse. Gegenüber steht das alte Pfarrhaus (1715), Elternhaus der Schriftstellerin Elisabeth Müller (Wandinschrift). An der katholischen Kirche vorbei aufwärts bis zum Chalet Vreneli, wo ein Fussweg abzweigt, der dicht der Gartenmauer entlang in den Hang des Schützengrabens einbiegt. Zunächst steil, dann recht bequem, windet sich der gute Spazierweg über mehrere Brücklein durch den steilen Waldhang und mündet bei einer kleinen Hütte in einen breiten Waldweg, dem man bis zum Rechtsrank folgt, von wo ein Fussweg steil zum obern Waldsaum steigt. Diesem auf grasiger Wegspur folgen, dann wieder im Wald gemächlich aufwärts. Beim Hof Ober Mösli betritt man die geteerte Rämisstrasse. Nach 200 m auf dem Strässchen nach links zum grasigen Feldweg, der durch den offenen Rain zu den Höfen von *Unter Langenegg* steigt. Auf Fahrweg steil zum Bänklein unter hoher Linde hinauf. Blick ins Herz des Gohlgrabens und über Rämisgummen und Hohwacht zu den Bergen. Durch einen Waldhohlweg tüchtig bergan, dann mühelos zur Grat-

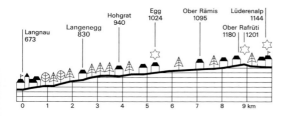

einsattlung im Hohgratwald, wo von links die Route vom Dorfberg her einmündet. Auf bequemem Weg auf dem Waldrücken zum Waldausgang vor dem Gehöft *Hohgrat* (nach Gohl/Schulhaus 🚌 20 Min., nach Oberfrittenbach 🚌 20 Min.) Blick nach links in den Oberfrittenbachgraben, nach rechts in den Gohlgraben. Auf der Strasse zum nächsten Wald (Ruhebank) und rechts aufwärts eintreten. Auf dem rauhen mittleren Weg steil aufwärts und nach dem Überschreiten der Waldhöhe auf der Strasse weiter. Diese verlässt bald den Wald und führt am Hof Chammeren vorüber. Ein am Wald zur Hügelkuppe steigender Feldweg schneidet den nächsten Bogen der Strasse ab, worauf man ihr an den schöngelegenen Höfen der *Egg* vorüber wieder zu folgen hat. Sie bietet aber einen packenden Fernblick nach beiden Seiten. Bald holt sie wieder nach rechts aus. Hier geht man nun am Wald geradeaus aufwärts zu einem Holzschuppen, wo sich ein grossartiger Ausblick über die sattgrüne Landschaft des Oberemmentals zu den Bergen darbietet. Innerhalb des nächsten Waldeingangs hangaufwärts und durch einen steilen Hohlweg auf die breite Waldrippe, durch deren steile Flanke sich ein angenehmer Weg zum Waldausgang senkt, wo man erneut die Fahrstrasse betritt, deren Ende bei *Ober Rämis* bald erreicht ist.

Auf schmalem Fahrweg zur Höhe der nächsten vorspringenden Rippe und flach dem Walde zu. An der Biegung wird das Kurhaus Lüderenalp sichtbar. Über die Egg, die einen erstaunlich weiten Blick ins westliche Mittelland hinaus vermittelt, schlängelt sich der Weg zu dem hinter einem pyramidenförmigen Rasenbuckel verborgenen Chüenihüttli, von wo ein anfänglich rauher Karrweg schräg durch Wald und den sonnigen Rain zum Berghof *Ober Rafrüti* (nach Zollbrück 🚶 2 Std., nach Heimisbach 🚌 1 Std. 35 Min.) aufsteigt. Nun durch den Wald absteigend in den Sattel und zur *Lüderenalp*.

Abstiege von der Lüderenalp
Lüderenalp–Ramisberg–Ramsei 🚶 3 Std.
Lüderenalp–Haretegg–Sumiswald-Grünen 🚶 2 Std. 25 Min.
Lüderenalp–Rotenbüel–Heimisbach/Chramershus 🚌 2 Std. 10 Min.
Lüderenalp–Vorderholz–Heimisbach/Sternen 🚌 1 Std. 50 Min.
Lüderenalp–Zuguet–Heimisbach/Tal 🚌 1 Std. 15 Min.
Lüderenalp–Sparenegg–Wasen 🚶 1 Std. 30 Min.
Lüderenalp–Geilisguet–Zollbrück 🚶 2 Std. 15 Min.
Lüderenalp–Ober Hochfeld–Neumühle 🚶 2 Std. 45 Min.
Lüderenalp–Dürsrütti–Langnau 🚶 🚌 3 Std.
Lüderenalp–Rämis–Langnau 🚶 🚌 2 Std. 35 Min.
Lüderenalp–Ober Rafrüti–Gmünden 🚌 1 Std. 10 Min.

32 Langnau i. E.–Flüeacher–Trubschachen

Hübsche kurze Wanderung an der Ilfis.

Route	Höhe in m	Hinweg	Rückweg
Langnau 🚂 🚌	673	–	1 Std. 20 Min.
Moosbrücke	681	10 Min.	1 Std. 10 Min.
Flüeacherbrücke	698	35 Min.	50 Min.
Trubschachen 🚂 🚌	731	1 Std. 25 Min.	–

Vom Bahnhof *Langnau* (S. 170) am Güterschuppen vorüber zum Hotel Emmental und dort geradeaus zum Bahnübergang und zur *Moosbrücke* (Bädlibrücke) über die Ilfis. Am linken Ufer durch den Schützenweg auswärts zum schattigen, wetterfesten Uferweg, der beim Schwimmbad die alte Holzbrücke unterquert. Rechts der steile Hang der Hohwacht, an den sich breitdachige Höfe lehnen, am andern Ufer das zu Langnau gehörende Dorf Bärau, am Ausgang des Gohlgrabens. Von der *Flüeacherbrücke* weg hat man für 10 Min. Hartbelag zu begehen, bis wieder ein angenehmer Feldweg beginnt, der sich bei der gedeckten Ramserenbrücke als schmaler Fussweg am buschigen Ufer fortsetzt. An einigen Wohnblöcken vorbei gelangt man in *Trubschachen* (S. 172) zur Ortbachbrücke. Diese überqueren und vom rechten Brückenkopf auf schmalem Fussweg zum gedeckten Holzbrücklein am Ausgang des Chrümpelgrabens. Hier nach links am Heimatmuseum vorbei zur Hauptstrasse und dieser folgen. Auf Fussweg dicht am Bahngeleise zur Station oder am sehenswerten «Himmelhus» und an den schmucken Häusern im Dorfzentrum und der Kirche vorüber dorthin, wobei man die vom Napf kommende Trub überschreitet.

Der aus 12 Höfen hervorgegangene Ort gehörte einst zur Herrschaft Lauperswil und hiess, bis er 1852 selbständig wurde, das «innere Lauperswil-Viertel». Die 12 Zacken der im Wappen figurierenden Sterne erinnern an die 12 Höfe, das Antoniuskreuz an die Abtei Trub.

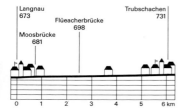

33 Langnau i. E.–Hohwacht–Rämisgummen–Schangnau

Ausgedehnte Wanderung zum Höhenzug Rämisgummen–Wachthubel mit hervorragenden Aussichtspunkten. Im 1. Teil bis Chäseren vorwiegend auf Hartbelag.

Route	Höhe in m	Hinweg	Rückweg
Langnau 🚃 🚂	673	–	5 Std. 50 Min.
Moos	700	25 Min.	5 Std. 25 Min.
Hohwacht	1036	1 Std. 25 Min.	4 Std. 45 Min.
Hüpfenboden	1016	2 Std.	4 Std. 10 Min.
Blappach	1101	2 Std. 40 Min.	3 Std. 30 Min.
Rämisgummen	1260	3 Std. 45 Min.	2 Std. 40 Min.
Wachthubel	1414	5 Std.	1 Std. 30 Min.
Schangnau 🚂	930	6 Std.	–

Vom Bahnhof *Langnau* (S. 170) am Güterschuppen vorüber zum Hotel Emmental und dort geradeaus zum Bahnübergang und zur Moosbrücke (Bädlibrücke) über die Ilfis. Am linken Ufer durch den Schützenweg zum guten Uferweg, der beim Schwimmbad die alte Holzbrücke unterquert. Am Ende der Parkplatzes beim Hallenbad auf dem Fussweg an den Spielplätzen vorüber zur *Moos*strasse hinüber. Einige Schritte nach links zum Teersträsschen, das hangaufwärts abzweigt. Oberhalb dessen Linkskurve auf dem alten Fahrweg durch den Wald zum grossen Hof Unter Altenei hinauf. Schöner Blick auf Langnau und zur Moosegg hinüber. Auf der Asphaltstrasse zum oberen Hof und darauf im Wald rechts ausholend am Hof Alteneischürli vorbei bergan. Nach der engen S-Schlaufe auf grasigem Weg zum Wald hinauf, am Saum steil bergan, dann quer durch den Rain zu den Gehöften von Strick. Blick ins Herz des Napfberglandes. Den Horizont bilden Pilatus, Fürstein und Schrattenflue, im Talboden der Ilfis liegt das Kirchdorf Trubschachen. Auf Hartbelag zum nahen Kurhaus Hohwacht und zur Weg-

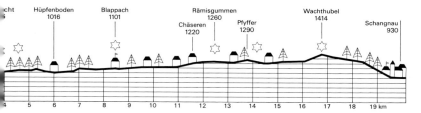

Langnau und Umgebung

kreuzung südlich Pt. 1036, der eigentlichen *Hohwacht,* wo sich der Blick zu den Voralpen öffnet. Lohnende Variante: Von Strick rechts ausholend auf weichem Grasweg zu den Ruhebänken auf dem herrlichen Aussichtspunkt Pt. 1008,4, dann am sonnseitigen Waldrand oberhalb des Kurhauses südwärts und hinunter zum Wegweiser an der Wegkreuzung.) Auf ebenem Strässchen geradeaus und im Wald leicht aufwärts zur Scheidegg (Pt. 1067), wo man angesichts eines machtvollen Bergpanoramas ins Freie tritt (Ruhebank).
Am südlichen Waldsaum nach links. An der Wegspinne Pt. 1057 geradeaus zur Höhe des Scheideggwaldes, dann hinunter nach Ober Lingummen, wo Lärchengrün erfreut. Auf Hartbelag hinunter zur Käserei *Hüpfenboden,* in einem Sattel zwischen den Tälern der Emme und Ilfis, und gleich wieder rainaufwärts. Am Strassenrank schöner Blick auf Trubschachen und ins Tal der Trueb. Nach der Kurve im Wald den Hartbelag verlassend hangaufwärts und durch das Hegenloch auf die südliche Gratseite. Der kleine Tunnel durch die Nagelfluhrippe wurde 1839/40 durch die Bauern der Umgebung ausgesprengt. An der nahen Weggabel durch die steile Waldflanke zur Grathöhe, wo sich neben dem Hohgant das herrliche Dreigestirn Wetter-, Schreck- und Finsteraarhorn präsentiert (Ruhebank). Auf weichem Fussweg quer durch den Weidehang. Vorne an der Hangkante hat man den langen Rücken des Rämisgummen vor sich. Der Weg senkt sich über das Blappachweidli zur Strasse. Das nun folgende 45minütige Wegstück über Gasthaus *Blappach*–Hinter Blappach–Hülli zum Berghof *Chäseren* bietet fast ständig ein grossartiges Bergpanorama, verläuft aber lückenlos auf Hartbelag und wird rege von Autoausflüglern befahren.
Hinauf zur Chäserenegg (nach Trubschachen 🚌 🚂 1 Std. 20 Min.) und zum Wendeplatz des Fahrsträsschens. Hier beginnt der bequeme Alpweg, der sich durch die Westflanke des *Rämisgummenhogers* zieht und sich zum Berghof Hinter Rämisgummen senkt. Ohne grosse Mühe kann aber der höchste Punkt 1300,6 m, «Pöli» genannt, einbezogen werden, der eine gewaltige Rundsicht vermittelt. Der Hof ist eine der schönsten Alpen des Bernbiets, wo 200 Stück Vieh gesömmert werden. Der Wanderweg steigt nun geradeaus an und quert die steile Ostflanke des bewaldeten *Pfyffer.* Aus dem nächsten Gratsattel auf breitem Fahrweg nach Grosshorben hinunter. Von hier steigt ein weicher Grasweg durch die Weide, streift ein Wäldchen und zieht sich als herrliche Aussichtspromenade durch den breiten Westhang südwärts dem *Wachthubel* entgegen. 100 m vor dem Gehöft Bergegg zweigt der steile Fussweg zum Gipfel ab, auf dem man die markante Reihe der Voralpenberge von der Schrattenflue über Schibegütsch, Hohgant zum Sigriswilergrat unmittelbar vor sich sieht.
Der Abstieg erfolgt zunächst über die südwärts fallende Bergrippe zum

Weidstall Oberi Flue. Auf dem Strässchen nach links zum nächsten Gebäude und quer durch den Weidehang zur nächsten südwärts absinkenden Bergrippe hinüber. Über diese talwärts. Oberhalb des Gehöfts Vorderi Flue durch den Hang, das Alpsträsschen queren und auf weichem Grasweg über den aussichtsreichen Bergrücken des Chüng in den Wald hinunter. Auf rauhem und steilem Weg durch diesen abwärts. Vom anschliessenden Feldweg zweigt ein anfänglich undeutlicher Fussweg ab, der über den Wiesenrain zum Schulhaus von *Schangnau* (S. 171) fällt. Kurz der Strasse entlang ins Dorfzentrum beim Gasthof und der Post.

Die von einer Grünanlage mit prächtigen Bäumen umgebene Kirche von Sumiswald, deren Bau 1712 durch den letzten Komtur vollendet wurde. Ihr Schatz von 14 farbenprächtigen Scheiben von Hans Dachselhofer und Hans Funk, die zu den wertvollsten im Bernbiet gehören, entstand 1512 und 1523 (Inhaltsverzeichnis im Chor aufgehängt). 9 kleine Scheiben (1639–1740) zeigen Wappen von Landvögten und Ordensherren. Sehenswert sind ferner die geschnitzten Deckenfriese, der Taufstein von 1527 und der Schlussstein über dem Eingang mit Wappen und Jahrzahl 1510. Routen 5, 11, 15, 18 und 19).

34 Trubschachen–Schynenalp–Napf

Fernsichtsreicher Anmarschweg zwischen Twären- und Gohlgraben. Gutes Schuhwerk erforderlich, wenig Hartbelag.

Route	Höhe in m	Hinweg	Rückweg
Trubschachen 🚂 🚋	731	–	5 Std.
Oberst Rigenen	1010	50 Min.	4 Std. 25 Min.
Hohstullen	961	1 Std. 25 Min.	3 Std. 50 Min.
Imperech	1060	2 Std.	3 Std. 20 Min.
Schynenalp	1197	2 Std. 30 Min.	2 Std. 50 Min.
Hohmattgätterli	1300	3 Std. 10 Min.	2 Std. 20 Min.
Ober Lushütte	1325	4 Std.	1 Std. 45 Min.
Höchänzi	1322	4 Std. 25 Min.	1 Std. 15 Min.
Napf	1407	5 Std. 40 Min.	–

Von der Station *Trubschachen* (S. 172) an der Kirche vorüber und über die Trub zum «Bären», der mit Malerei an Front und Rûnde geschmückt ist. Dicht daneben beginnt ein steiler Zickzackpfad, der zu einem Bänklein am aussichtsreichen Saum des Hasenleewaldes steigt. In einigen Kehren sehr steil waldaufwärts, worauf sich der Pfad durch den Rain am Hof Unter Fouz vorüber nach Ober Fouz emporwindet.

Dicht bei diesem Hof spitzwinklig nach links in den Fouzwald hinauf und aus lauschigem Waldwinkel (Rastplatz) bequem durch den Wald nach *Oberst Rigenen.* An diesem behäbigen Hof vorbei, dem das Stockhorn in die Fenster guckt, zieht man über das Hochplateau zum Rigenenwald hinüber. Unterwegs weiter Blick zum langen Jurawall. Aus dem prachtvollen Landschaftsbild, das sich am Waldeingang bietet, stechen zwischen Schibegütsch und Hohgant die Hochalpen hervor. Auf dem Strässchen waldeinwärts, das kurz dem Saum folgt und dann durch den Bachwald leicht abfällt. An der Weggabelung bei der Blockhütte nach rechts zum Waldausgang vor

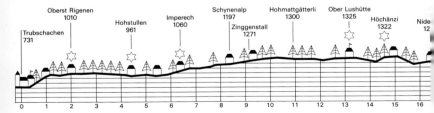

Bauernhaus im Blumenschmuck in Äschlen bei Oberdiessbach (Route 63).

den Höfen von *Hohstullen,* in einer Einsattlung zwischen Twären- und Witenbachgraben. Ein Teersträsschen durchquert die Hofgruppe. 100 m nördlich davon auf weichem Grasweg leicht aufwärts in den lauschigen Waldwinkel bei Pt. 974, wo vor dem herrlichen Ausblick gegen Stockhorn und Gantrisch ein Bänklein steht. Geradeaus in den Wald, dann über dem Bachgrund des Twärengrabens auf undeutlichem Pfad unter dem Wald zum Hof Holzschür. Auf grasiger Wegspur rainaufwärts zum Wald, wo angesichts des schönen Blicks grabenauswärts zu Schreck- und Finsteraarhorn wiederum ein Bänklein einlädt. Der Wanderweg führt unter dem Wald zum Hof Hinterholz, von wo er als rauher Karrweg durch den Rain und sehr steil im Wald zum *Imperech* emporsteigt, einer Hütte mit ringsum angefügter Sitzbank, im Sattel zwischen Twären- und Gohlgraben. Auch hier grossartiger Bergblick (nach Langnau 🚌 🚂 2 Std. 10 Min.). Über das steile Rasenbord in den Wald hinauf, durch die steile Waldflanke, dann wie auf einem Teppich durch den Weiderain. Blick zur Lüderenalp hinüber. Oberhalb Ober Siberen nach rechts in den Sattel bei Pt. 1106. Durch den Wald weiter, worauf der schöne Wanderweg den Südhang des Hengst durchquert, um in das Strässchen zu münden, das zur oberen Sennhütte der *Schynenalp* steigt (nach Längengrund 🚂 1 Std. 40 Min.). Nun auf Karrweg schräg links bergan und durch Wald zum *Zinggenstall* (Pt. 1271, nach Trub 🚂 1 Std. 40 Min.). Über den Grat steigt man zum *Hohmattgätterli* und gelangt über die Waldrippe, rechts an der Geissgratflue vorbei zur *Oberen Lushütte.* Nun fast durchwegs auf der Grathöhe bleibend über *Höch-* und *Niderānzi* zum *Napf.*

35 Trubschachen–Turner–Napf

Nach der dem Steilaufstieg folgenden mühelosen Wanderung über die fernsichtsreiche Risisegg (3,5 km Hartbelag) ist der 2. Teil recht anspruchsvoll und erfordert gutes Schuhwerk.

Route	Höhe in m	Hinweg	Rückweg
Trubschachen 🚂🚌	731	–	4 Std. 45 Min.
Alpetli	976	40 Min.	4 Std. 15 Min.
Hinter Risisegg	1080	1 Std. 25 Min.	3 Std. 35 Min.
Turner	1190	2 Std.	3 Std.
Chrüzboden	1155	3 Std. 30 Min.	1 Std. 50 Min.
Champechnubel	1261	4 Std.	1 Std. 30 Min.
Trimle	1232	5 Std.	35 Min.
Stächelegg	1300	5 Std. 25 Min.	15 Min.
Napf	1407	5 Std. 45 Min.	–

Von der Station *Trubschachen* (S. 172) zur nahen Post und auf steilem Zickzackpfad über die Halde in die geteerte Risiseggstrasse hinauf. Auf dieser zur Feldterrasse von Schwand. Vom Linksrank kurz nach dem Hof Unter Schwand auf grasigem Feldweg zur Ruhebank am Wald hinauf, auf sehr steilem Fussweg direkt waldaufwärts und an einem Gehöft vorüber auf Pfadspuren über den steilen Weiderain in die Strasse empor, welcher man nun zu folgen hat. Am nahen Rank, beim *Alpetli*, prächtiger Blick durch das Tal der Ilfis hinaus zur Moosegg und zum fernen Chasseral. Während der nun folgenden einstündigen mühelosen Wanderung bis hinterhalb Hinter Risisegg hat man Hartbelag zu begehen, doch der ständige Blick auf die Berge entschädigt einigermassen. Eindrücklich der Einblick ins waldreiche Napfbergland und der überraschende Tiefblick auf das Kirchdorf Trub. Rechts der enge, waldreiche Hämelbachgraben, von dem man ironischerweise sagt, er sei das gesündeste Tal der Schweiz: «Es starb hier noch nie eine reiche Bäuerin und es ist noch nie eine Füllimähre umgekommen.» Er bildet die Kantonsgrenze, der benachbarte Höhenzug des Glichenbergs ist

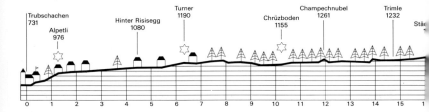

luzernisch. Nach *Hinter Risisegg* steigt das Strässchen kurz an. Oben zweigt ein grasiger Weg ab, der über die aussichtsreiche Egg zum Hof Ober Altgfäl führt. Hinunter ins Strässchen, das nun belagsfrei (1988) am Bergheimet Nageldach vorüber zur Wegkreuzung am *Turner* steigt. Hier öffnet sich die Sicht ins Entlebuch mit Grönfluh-Schafmatt, Fürstein und Schimberg und weit hinaus ins luzernische Hügelland. (Der kurze Abstecher zu Pt. 1215 hinauf wird durch eine umfassende Rundsicht belohnt.) Auf rauhem Karrweg links abwärts zum Hof Schafmatt und im Linksbogen zum Weidgatter am Rossgrat. Nun weglos dem Zaun entlang auf das Weidebord hinauf, wo vor allem das Pilatusmassiv ins Blickfeld tritt. Hinab in den Sattel und auf dem die Kantonsgrenze bildenden Waldgrat mit recht mühsamen Zwischenaufstiegen auf den Schattschilt. Ein kurzes meterbreites Gratstück ist mit Drahtseil gesichert. Immer wieder packende Ausblicke ins Truberland und zu den Voralpen. Dort, wo man angesichts des noch fernen Napfgipfels den Wald verlässt, steil abwärts zum Wegweiser Altgratschwändi, dann horizontal durch die Weide in den Karrweg, der an der Hütte vorüber den Hang des Altengrats durchquert. Auf schmaler Lichtung angelangt, am Saum nach links zu einem Gatter und über die abschüssige Waldrippe hinunter zur nächsten Lichtung. Nun dem Zaun entlang, mit schönem Blick gegen den Fankhausgraben, zur Gratlücke der Grätliegg (Pt. 1139). Auf dem anschliessenden Waldgrat auf und ab, zuletzt steil zum *Chrüzboden* hinauf (nach Fankhaus 🚌 35 Min.). Der angenehme Weg steigt in den Stutzwald und dort weiter zum Wegweiser am Fuss des *Champechnubels.* Auf steilem Pfad am höchsten Punkt vorüber durch die Flanke zur Grathöhe. Die paar Schritte auf die freie Kuppe hinaus lohnen sich reichlich. Der Ausblick nach Süden und Westen ist überwältigend und einer der schönsten des Emmentals.

Durch die östliche Waldschneise hinunter in einen Waldsattel und aus diesem steil aufwärts zur Schafegg (Pt. 1206), am obern Rand der Alp Schwesterboden. Zwischen eigenartigen Rundbuckeln oberhalb der Hütten horizontal durch die Weide in einen Fussweg, der kurz ansteigt und sich dann durch Wald und Weide senkt, bis man an der Hängelenflue wieder den Grat betritt. Auf stotzigem Fahrweg über die nächste Erhebung der die Kantonsgrenze bildenden Talscheide hinweg. Einmal taucht der Blick ins Fontannental, dann wieder in den Fankhausgraben. Mit herrlichem Bergpanorama auf luzernischem Boden auf bequemem Fussweg um die Hangwölbungen, der Rathusenegg und hinauf zur *Trimle.*

Auf dem Karrweg längs der Grathöhe zum Berggehöft *Stächelegg* hinauf. Nach kurzem Aufstieg ist der *Napf* erreicht. Panoramatafeln orientieren über die Einzelheiten des gewaltigen Rundblicks vom Rigi des Emmentals.

Abstiege vom Napf siehe Route 21.

36 Trubschachen–Blappach–Eggiwil

Nach 40minütiger Grabenwanderung, Aufstieg zur Wasserscheide zwischen Ilfis und Emme. Steiler Abstieg zur jungen Emme. Teilstücke auf Hartbelag.

Route	Höhe in m	Hinweg	Rückweg
Trubschachen 🚂 🚌	731	–	2 Std. 25 Min.
Jegerhus	798	30 Min.	2 Std.
Blappach	1101	1 Std. 25 Min.	1 Std. 20 Min.
Hinter Girsgrat	1094	1 Std. 40 Min.	1 Std. 05 Min.
Eggiwil 🚌	739	2 Std. 20 Min.	–

Vom Bahnübergang bei der Station *Trubschachen* (S. 172) auf dem Fussweg längs der Sägerei zum Ilfissteg und am hohen Ufer dem Fuss des Waldhangs nach rechts folgend zum Eingang des Chrümpelgrabens. Auf dem geteerten Talsträsschen zwischen steilen, grösstenteils bewaldeten Hängen stets leicht ansteigend über *Jegerhus* grabeneinwärts, begleitet vom Rauschen des stattlichen Chrümpelbachs, der mit zahlreichen Schwellen gezähmt wurde. Nach 40 Min. teilen sich Graben und Weg. Auf dem mittleren Strässchen geradeaus aufwärts. Nach etwa 200 m zweigt ein Karrweg rechts ab, der am Waldsaum schräg ansteigt, kurz im Wald ausholt und sich darauf über den offenen Hang hinanwindet, um dann ziemlich direkt zum Hof Längegg und zum *Kurhaus Blappach* zu steigen. Oberhalb der Gebäude, wo eine Orientierungstafel steht, folgt man der südwärts führenden Asphaltstrasse, gewinnt an der Gabelung nach rechts vollends die Höhe, wo sich ein grossartiges Südpanorama entfaltet. Die Strasse steigt noch kurz an und biegt darauf leicht fallend nach Westen um, um in einer Kehre zur Häusergruppe *Hinter Girsgrat* abzufallen. Die grossartige Aussicht in den Talkessel von Eggiwil und über die unzähligen Gräben und Eggen des innersten Emmentales zu den Bergen versöhnt mit dem Asphalt. Über die freie Egg süd-

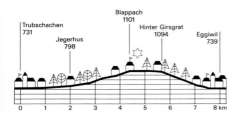

wärts bis zum Rank. Dort auf weichem Feldweg am Tannensaum geradeaus. Der Weg schlingt sich abwechselnd über offene Hänge und durch Wald steil talwärts, um zuletzt am Rand des tiefen Hellgrabens nach Aebnit abzufallen. Auf dem Teersträsschen am Bachgraben abwärts in den Weiler Hofacher, von wo ein Fussweg zur Emme fällt. Über den Hellsteg und um die Schulhäuser herum zur Post *Eggiwil* (S. 169).

37 Trub–Schynenzinggen–Napf

Lohnender, aber anspruchsvoller Aufstieg mit immer neuer, umfassender Aussicht. Vorsicht verlangendes Wegstück am Stauffengrind. Gutes Schuhwerk.

Route	Höhe in m	Hinweg	Rückweg
Trub 🚌	812	–	4 Std. 40 Min.
Ober Chlosteregg	1047	45 Min.	4 Std. 15 Min.
Schynenzinggen	1317	2 Std. 20 Min.	3 Std.
Zinggenstall	1271	2 Std. 30 Min.	2 Std. 50 Min.
Hohmattgätterli	1300	2 Std. 55 Min.	2 Std. 20 Min.
Ober Lushütte	1325	3 Std. 40 Min.	1 Std. 45 Min.
Höchänzi	1322	4 Std. 05 Min.	1 Std. 15 Min.
Nideränzi	1233	4 Std. 35 Min.	40 Min.
Napf	1407	5 Std. 25 Min.	–

Von der Post *Trub* (S. 172) am «Löwen», der Kirche und dem Pfarrhaus (schöner Türklopfer) vorüber bis zu dem beim Friedhof rechts abzweigenden Weg, welcher in weiter Kehre den Wiesenhang überwindet. Im Anstieg hübscher Blick auf Dorf und Kirche. Am Gehöft Chlosteregg vorüber wendet sich der Weg waldwärts und steigt zur Waldwiese der *Ober Chlosteregg*. Hinter dem Schürli nach links in den Wald und steil auf die nächste Krete empor. Oben nach rechts auf die Lichtung hinaus, wo zum prachtvollen

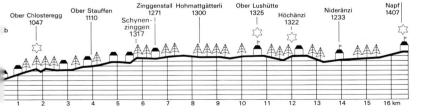

Ausblick eine Ruhebank einlädt. Zwischen Schibegütsch und Hohgant zeigen sich die Hochalpen, über dem Rämisgummen beginnt die Reihe der Voralpengipfel von den Sieben Hengsten westwärts. Am Waldrand zu dem in der obern Ecke der Lichtung in den Wald eintretenden Pfaffenweglein. Dieses benützten einst die Truber Mönche für den Gang auf ihre Schynenalp, weil der Sältenbachgraben schlecht begehbar war.

Vorsichtig ist der steile Waldhang zu einer Einsattlung des schmalen Waldgrates zu queren, aus der ein mit Stufen versehener und mit Drahtseil gesicherter Steilaufstieg zum Stauffengrind (Pt. 1064) führt. Auf ebenem Waldgrat nach rechts, dann nach links in die Weide hinaus. Leicht abwärts auf Wegspur dem gebogenen Waldsaum folgen, dann auf Feldweg zum Gehöft Unter Stauffen hinüber. Dort auf dem Teersträsschen 100 m nach links, dann auf dem Graswegnach rechts um die Anhöhe Pt. 1053.9 herum und deren Fuss folgen. Später ist der Weg im Wald ein Stück weit in die Nagelfluh gehauen. Das anschliessende samtweiche Wegstück über die Rasenegg zum Hof *Ober Stauffen* hinüber schenkt einen prächtigen Ausblick in den Sältenbachgraben und zu den Bergen vom Pilatus bis zum Ochsen. Die Linkskurve abschneidend, vom Hof über das Bord in das Teersträsschen hinauf, dem man nun etwa 15 Min. bis zum Berghof Stauffenchnubel hinauf zu folgen hat, mit schönem Blick gegen die Berge der Zentralschweiz und hinüber zum Napf. Die Schau über das Gewirr von Gräben und Eggen südlich des Napf ist überwältigend.

Der Wanderweg führt nördlich am Chnubel vorbei. Zunächst ebenaus, dann leicht abfallend zu einem schmalen Waldgrat, der zur Weide von Schafhollen überleitet. Vom einsamen Gehöft auf sehr steilem Fussweg im Zickzack bergan und am Waldsaum bei ständig packender Sicht nach Westen weglos zum Durchlass in der obern Weideecke. Noch kurz aufwärts zum Wegweiser knapp unterhalb des *Schynenzinggen* (Pt. 1317). Ein kurzer Abstecher führt zum höchsten Punkt, wo man die Schynenalp steil zu Füssen hat.

Zurück zum Wegweiser und leicht absteigend zu einem Weidbrünneli und dem Hang entlang zum *Zinggenstall* (Pt. 1271, nach Trubschachen 🚌 🚋 2 Std. 30 Min.). Der Wanderweg führt auf dem anschliessenden Waldgrat weiter und senkt sich steil in die zum schöngelegenen Gehöft *Hohmatt* führende geteerte Güterstrasse. Dort auf ebenem Fahrweg geradeaus, dann über eine flache Rasenrippe weiter, die wiederum eine überwältigende Aussicht bietet. Ein schmales Weglein quert den Weidehang und fällt über eine Waldrippe zum *Hohmattgätterli* (nach Lüderenalp 🚋 1 Std.), einer Einsattlung auf dem von der Geissgratflue südwärts fallenden Waldgrat. Von hier über *Lushüttenalp* und *Höchänzi* zum *Napf* wie Route 21

Abstiege   vom Napf siehe Route 21.

38 Fankhaus–Höch Sureboden–Napf

Kurzweiliger Napfaufstieg über die Egg zwischen Hütten- und Brandöschgraben, den prächtigen Aussichtspunkt Sureboden berührend. Botanisch interessant. Kaum Hartbelag. Gutes Schuhwerk nötig.

Route	Höhe in m	Hinweg	Rückweg
Fankhaus/Post 🚌	876	–	3 Std.
Milpachalp	1168	1 Std.	2 Std. 15 Min.
Höch Sureboden	1316	1 Std. 45 Min.	1 Std. 40 Min.
Höchänzi	1322	2 Std. 10 Min.	1 Std. 15 Min.
Napf	1407	3 Std. 30 Min.	–

Von der Post *Fankhaus* wenige Schritte taleinwärts, dann gegenüber dem Schulhaus am Hof Leen vorbei die auslaufende Bergrippe überqueren. Vom Hüttenbach auf dem steilen Fahrweg zu den Höfen von Schwarzentrueb hinauf, von wo sich ein noch steilerer Karrweg zum Wald hinauf zieht. Oben am Waldrand, wo der Weg nach rechts in den Wald abbiegt, schöner Blick gegen die Schattenseite des Fankhausgrabens mit den zahlreichen Berghöfen. Kurz nach einer Biegung des im Wald etwas gemächlicher ansteigenden Weges geht ein Fussweg nach links ab, auf dem man im Zickzack die bewaldete Wasserscheide ersteigt. Auf dieser an den Rand einer Lichtung, dann innerhalb des Waldsaumes steil aufwärts zur obersten Weideecke. Ruhebank mit schönem Blick auf Fürstei, Schafmatt, Beichlen und Schratten. Über die Rippe waldeinwärts, dann sehr steil hinauf zur bewaldeten Kuppe der Fuchsegg. Über die Waldrippe weiter und einen Sattel querend zum Ausgang gegenüber der *Milpachalp,* wo man unvermittelt den Napf vor sich sieht. Am Waldsaum über die schmale Rasenegg hinweg in die nächste Einsattlung und wieder im Wald zur roten Bank bei Pt. 1168 hinauf. Grossartiger Blick auf Voralpen und Alpen sowie zu Rämisgummen und Wachthubel. Kurz aufwärts zum Waldeingang, waldabwärts in einen Sattel und

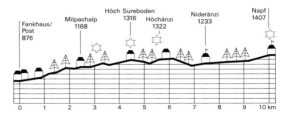

durch die Waldflanke aufwärts zum Ausgang. Über den Weidebuckel zum Schürli und dort kurz am Zaun aufwärts. Bei den nächsten Wettertannen Fussweg quer durch den Hang nach links.
Von der nächsten Einsattlung schräg durch den Osthang der Chanzel (Pt. 1258) aufwärts. Mit freier Sicht in die beidseitigen Gräben dem Zaun entlang über die Rippe und bei den schönen Schärmtannen durch das Gatter. Quer durch den Steilhang der Schynliegg, dann wieder längs einer schmalen Rippe zum Hochplateau von *Höch Sureboden* hinauf, einem der schönsten Punkte des Emmentals mit grossartiger Rundsicht.
Von der Hütte auf breitem Weiderücken leicht abwärts, dann bei den ersten Tannen durch ein Gatter auf einen schmalen Fussweg, der durch den sehr steilen Waldhang in eine flache Grateinsattlung zwischen Hell- und Säuberggraben hinunterführt. Aus dieser steil aufwärts auf eine Weidelichtung und am Waldsaum zum Wegweiser westlich des Höchänzi empor (nach Lüderenalp 🚂 2 Std., nach Trub 🚂 3 Std. 20 Min., nach Trubschachen 🚂 3 Std. 45 Min., nach Eriswil 🚂 3 Std. 15 Min.). Weiter über *Höchänzi* und *Nideränzi* zum *Napf* wie Route 21.

39 Fankhaus–Höchstullen–Napf

Kurzer, jedoch recht anspruchsvoller Aufstieg zum Napf mit herrlichen Ausblicken. Namentlich im Abstieg ist stellenweise Vorsicht geboten. Gutes Schuhwerk! Ohne Hartbelag.

Route	Höhe in m	Hinweg	Rückweg
Fankhaus/Post 🚂	876	–	1 Std. 35 Min.
Buechli	1043	35 Min.	1 Std. 10 Min.
Unter Höchstullen	1160	1 Std.	50 Min.
Grüebli (Wegweiser)	1274	1 Std. 40 Min.	15 Min.
Napf	1407	2 Std.	–

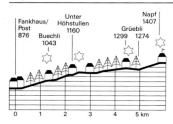

Von der Post *Fankhaus* kurz taleinwärts, dann gegenüber dem Schulhaus nach links zum stattlichen Hof Leen hinauf. Nun über die Rippe der Leenegg zwischen Hütten- und Fankhausgraben zum Bänklein am Waldrand empor. Der Blick geht grabenauswärts gegen die Niesenkette und die Berge des Diemtigtales mit dem Turm der Spillgerte. Kurz flach waldeinwärts, dann auf ruppigem Pfad über die steile Waldrippe bergan zur Lichtung beim einsamen Bergheimetli *Buechli*. Vom Bänklein am nächsten Waldeingang prächtiger Blick über die Risisegg zu den Bergen. Zunächst bequem waldeinwärts, dann folgt wiederum eine Steilstufe, die Vorsicht erheischt (namentlich im Abstieg). Fast flach geht der Waldgrat in die Weide von *Unter Höhstullen* über. Vom Gehöft auf dem Karrweg am Waldsaum aufwärts, dann – jeder Schritt ein Genuss – mit grossartigem Bergblick auf weichem Grasweg um den Höhstullen (Pt. 1221,2) herum zum Stall auf Ober Höhstullen. Hinter diesem dem Zaun entlang durch den Weidehang nach links, wo vor dem wundervollen Ausblick über die waldreichen Hüttengraben zu den Bergen ein Bänklein einlädt. Nach rechts umbiegend durch die mit Nagelfluhhöckern gespickte Weidemulde, am Waldsaum aufwärts und den nächsten Weidebuckel überqueren. Jenseits des Hüttengrabens fällt die hohe flache Kuppe von Höch Sureboden auf, die dem Napf sehr ähnlich sieht. Nach dem Eintritt in den Wald sofort steil bergan auf den Waldgrat, dann längs der Grathöhe mühelos zum Waldausgang, wo der Napf unvermittelt sichtbar wird. Über die Weide geradeaus in den Karrweg, der schräg durch den aussichtsreichen Hang zur Alphütte *Grüebli* steigt.

Der Wanderweg umgeht den nächsten Hügel rechts und führt als wahre Aussichtsrampe zum Wegweiser bei Pt. 1274 (nach Lüderenalp 🚻 3 Std. 10 Min., Luthernbad 🚻 1 Std. 15 Min., Wasen 🚻 4 Std., Trubschachen 🚻 🚻 4 Std. 45 Min., Trub 🚻 4 Std. 15 Min., Höchänzi–Fankhaus 🚻 2 Std. 45 Min., Eriswil 🚻 4 Std. 15 Min.).

Geradeaus aufwärts, in der Waldflanke einen Waldgraben queren, dann auf rauhem Pfad steil zur Grathöhe östlich des Grüeblihengst, wo sich ein pakkender Ausblick über das nördliche Napfvorland gegen den Jura auftut. Am nahen Gipfelhang rechts ausholend bequem zum *Napfhotel* empor.

> ▸ **Die vielgestaltige wilde Flusslandschaft des Räblochs ist vor der letzten grossen Eiszeit entstanden. Über 20 m fallen die beidseitigen Nagelfluhwände schroff ab, nähern sich bis auf 3 m, treten an andern Stellen zurück und formen Kammern und Kessel oder sind überhängend. Ein eingeklemmter, mit Vegetation bewachsener Felsblock bildet eine Naturbrücke, die den Übergang ermöglicht. Der Fluss verschwindet hier in einem Gewölbe und schiesst nach etwa 20 m wie eine Quelle wieder ans Licht. Räbloch bei Schangnau (Route 63).**

40 Eggiwil–Naters–Oberei

Über die aussichtsreiche Höhe von Naters zum Jubiläumsbrüggli. Teilstücke auf Hartbelag.

Route	Höhe in m	Hinweg	Rückweg
Eggiwil 🚃	739	–	2 Std. 40 Min.
Rüteberg	853	20 Min.	2 Std. 25 Min.
Breitmoos	957	1 Std. 20 Min.	1 Std. 35 Min.
Hinter Naters	1192	2 Std. 10 Min.	1 Std.
Rambachbrüggli	940	2 Std. 40 Min.	20 Min.
Süderen-Oberei 🚃	905	3 Std.	–

Gegenüber dem «Löwen» in *Eggiwil* (S. 169) über eine Treppe zum Fussweg, der mit Stufen versehen über den steilen Waldhang zur Grathöhe des *Rütebergs* führt. Das Weglein steigt zum höchsten Punkt des schmalen Waldrückens und senkt sich, eine Hochleitung kreuzend, zum südlichen Waldausgang. Rainabwärts zu den Gehöften bei Glashütte und auf dem Strässchen hinauf zu Pt. 790 an der Siehenstrasse. Diese kreuzen und an einem Schuppen vorbei auf undeutlicher Pfadspur durch Wiesland zum Waldrand hinauf. Diesem nach links folgen zu einem deutlichen Pfad, der sehr steil durch den Hang des Schattwalds steigt und sich vom obern Waldausgang schwach ausgeprägt zum Terrassenrand des Chnubels hinauf fortsetzt. Nach links zum ersten Gehöft und mit dem wuchtigen Hogant vor Augen auf geteertem Strässchen südwärts zur Weggabel hoch über dem tiefen Waldgraben der Emme. Talüber der grüne Höhenzug Rämisgummen – Wachthubel. Zwischen den Gebäuden des nächsten Berggehöfts zu einem grasigen Feldweg hinauf, der die Wiesenterrasse zum Hof *Unter Breitmoos* überquert, von wo ein Betonsträsschen sachte südwärts steigt. An der Weggabel rechts abwärts in die Senke des Rotbachs und von Pt. 957 auf breiter Strasse zum prächtig gelegenen Hof Ober Breitmoos hinauf, von wo der Blick weit nach Norden schweift. Auf rauhem Karrweg nach rechts zum

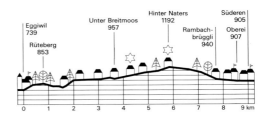

Bumbach mit Schrattenflue (Route 41).

Wald und steil aufwärts zu einem schindelbedeckten Weidestall. Wieder zum nahen Wald und auf primitivem Waldweg zum südlichen Ausgang hinauf, von wo man auf weichem Weideboden rechts ausholend die Höhe von *Hinter Naters* gewinnt. (Nach Schangnau 🚌 2 Std. 10 Min.) Mächtige Bäume beschatten die breitdachigen Alpgebäude. Unmittelbarer Blick auf die schroffen Berggestalten Hohgant, Schibegütsch und Schrattenflue.
Ein solider Alpweg fällt über den breiten Weiderücken südwärts. Beim nächsten Hof geht er in ein Teersträsschen über. Auf diesem am Wald nach Ufem Chifel hinunter. Dicht neben diesem zweigt ein Karrweg rechts ab, der am Wald zu einer Weidelichtung mit kleinem Stall abfällt. Dort Fussweg nach rechts durch Wald und Weide und *Rambachbrüggli* hinunter, das zum 50jährigen Jubiläum der Berner Wanderwege errichtet wurde.

Auf Asphalt an der grossen Sägerei vorüber zur Schallenbergstrasse und dieser 300 m folgen, bis nach der Brücke über den Rötenbach ein schattiger, dicht am Ufer verlaufender Weg abgeht, der beim «Löwen» die Siedlung *Oberei* erreicht. Die Bushaltestelle *Süderen*-Oberei befindet sich 300 m weiter an der Strasse gegen Süderen.

41 Schangnau–Bumbach–Kemmeriboden Bad

Reizvolle, mühelose Wanderung im obersten Emmental, zu Füssen von Hohgant und Schibegütsch. Am Anfang 30 Min. Hartbelag.

Route	Höhe in m	Hinweg	Rückweg
Schangnau 🚌	930	–	2 Std. 20 Min.
Bumbach/Bütschli	913	1 Std. 15 Min.	1 Std.
Kemmeriboden Bad 🚌	976	2 Std. 20 Min.	–

Vom Gasthof «Bären» in *Schangnau* 3 Min. auf der Strasse westwärts, dann auf geteertem Strässchen dem buschverkleideten Färzbach entlang zu einem Hof hinunter, von wo ein ebener Feldweg zu einer steilen Hohle führt, durch die man bei der Sägerei (Müli) wieder ein Teersträsschen erreicht. Auf diesem über die nahe Holzbrücke an der Emme und am bewaldeten Uferhang steil hinauf nach Schwarzbach. Dort steigt das Strässchen noch etwas an und wendet sich darauf der Brücke im bewaldeten Schwarzbachgraben zu. Über die Wiesenterrasse zum grossen Hof *Vorder Buhütte,* den eine mächtige Linde überragt, dann durch die breite Wiesensenke zum spruchverzierten Hof Hinter Buhütte. Gewaltig präsentiert sich der Hohgant, Krone des Emmentals genannt. Auf weichem Mattenweg zum Hof Räber hinauf. Hier nach rechts zum Hangfuss, dann auf ebener grasiger Wegspur nach links in den Wald. Auf massivem Eisensteg über das breite Bett des Bütler-

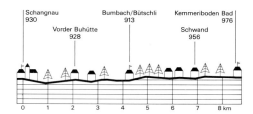

schwandbaches zum Hof Bütlerschwand hinüber. Dessen Zufahrtssträsschen senkt sich durch den Wiesenrain zum nächsten kleinen Bachgraben und schlängelt sich darauf durch den Talboden zum Skilift *Bumbach* beim Hof *Bütschli*. Von der nahen Holzbrücke auf Fahrweg der Emme entlang, dann durch eine Hohle recht steil zum Hof Bochti hinauf. Dort auf weichem Wiesenweg waldwärts. Beim übernächsten Bachgraben, unterhalb des Gehöfts Schwändeli beginnt ein guter Fussweg, der eine Waldpartie durchquert und dabei reizvolle Lichtungen streift. Auf Fahrweg biegt man darauf in den Talboden hinaus zur Häusergruppe Bödeli, nahe der Emme. Man steigt zum Hof Unter Schwandweid etwas an und erreicht auf weichem Wiesenweg den Hof *Schwand,* den eindrücklich hoch der Schibegütsch überragt. Auf Karrweg rainaufwärts. 70 m nach dem Gittermast betritt man wieder einen teppichweichen Mattenweg. Zum Schluss auf Fahrweg durch die blumigen Weiden und Wiesen zum *Kemmeriboden Bad*.

42 Schangnau– Rotmoos–Innereriz

Aus dem oberen Emmental ins Eriz. Bis kurz vor Rotmoos Hartbelag.

Route	Höhe in m	Hinweg	Rückweg
Schangnau 🚌	930	–	2 Std.
Emmebrücke	860	15 Min.	1 Std. 40 Min.
Ober Gemmi	1105	50 Min.	1 Std. 15 Min.
Rotmoos	1190	1 Std. 30 Min.	40 Min.
Innereriz/Säge 🚌	1040	2 Std.	–

Vom Gasthof «Bären» in *Schangnau* (S. 171) 3 Min. auf der Strasse westwärts, dann dem Färzbach entlang zu einem Hof hinunter, und über einen ebenen Feldweg zu einer Hohle, durch welche bei der Sägerei wieder ein Teersträsschen erreicht wird. Über die *Emmebrücke* hinauf nach Schwarzbach.

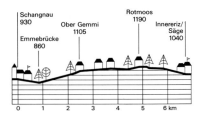

Das Teersträsschen windet sich nun nach rechts über den Hang nach *Ober Gemmi* empor, von wo es sich nur mässig ansteigend durch das Tal des Schwarzbaches über Scheidzun südwärts zieht. Der imposante Anblick der Felsbastionen des Hohgant versöhnt einigermassen mit dem Hartbelag, der erst kurz vor dem Rotmoos zu Ende geht (Stand 1988). Beim grossen Gehöft *Rotmoos* zweigt ein Dammweg ab, der das Überqueren des hier sehr sumpfigen Geländes trockenen Fusses ermöglicht. Das Umgelände steht unter Naturschutz. Der anschliessende Fussweg quert den waldigen Graben des Chaltbaches und führt darauf flach durch die etwas sumpfigen Wiesen unterhalb der Hütten von Hängstli, um in einen guten Fahrweg zu münden, der durch Wald und Lichtungen und zuletzt durch den steilen Rain zum schmucken Hof Dräcker fällt. Schöner Blick zur weichlinigen Passlücke der Sichel, zwischen Burst und Sieben Hengsten und durch den Zulggraben hinaus. Auf der Zufahrtsstrasse hinunter zur Zulgbrücke, unmittelbar bei der Post *Innereriz*.

43 Schangnau–Honegg–Schwarzenegg

Landschaftlich wunderschöne Längsüberschreitung der waldreichen Honegg. Etwas mühsamer Aufstieg. Nachteil: 50 Min. Hartbelag zu Beginn, Asphaltabschnitte auch am Schluss.

Route	Höhe in m	Hinweg	Rückweg
Schangnau 🚌	930	–	4 Std. 30 Min.
Ober Gemmi	1105	50 Min.	3 Std. 50 Min.
Bürkelihubel	1424	1 Std. 50 Min.	3 Std. 15 Min.
Honegg	1509	2 Std. 20 Min.	2 Std. 45 Min.
Chnubelegg	1429	3 Std.	2 Std. 10 Min.
Hinter Chapferen	1160	3 Std. 35 Min.	1 Std. 15 Min.
Schwarzenegg 🚌	900	4 Std. 30 Min.	–

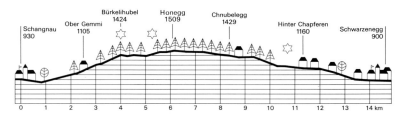

Vom Gasthof «Bären» in *Schangnau* (S. 171) 3 Min. längs der Strasse westwärts, dann auf geteertem Strässchen dem buschverkleideten Färzbach entlang zu einem Hof hinunter, von wo ein ebener Feldweg zu einer steilen Hohle führt, durch die man bei der Sägerei (Müli) wieder ein Teersträsschen erreicht. Auf diesem über die nahe Holzbrücke an der Emme und am bewaldeten Uferhang steil hinauf nach Schwarzbach. Beim Hof die nach rechts abzweigende Teerstrasse einschlagen, die in mehreren Schlaufen steil nach *Ober Gemmi* steigt. Im Aufstieg und droben beim Gehöft schöner Einblick in das von Schibegütsch, Rothorn und Hohgant umrahmte Tal von Bumbach. Nun weglos über den steilen Weiderücken recht mühsam direkt bergwärts (gelbe Farbzeichen) zur Rasenkuppe bei der Hütte am Scheidzunhubel. Blick zur weichgeformten Sichel, dem Passübergang zum Thunersee und ins sattgrüne Eriz. Vom nahen Brunnen auf rauhem Karrweg, dann wieder weglos am Tannensaum steil bergan, bis ein ebener Gratabschnitt an den bewaldeten Aufschwung heranleitet, über welchen ein Weglein steil zum *Bürkelihubel* steigt. Wie durch ein Fenster schaut man vom Wachthubel und ins Napfbergland hinaus. Nun in leichtem Auf und Ab über den Waldgrat westwärts. Vom Fahrweg abzweigend, steigt ein Weglein zu Pt. 1435, wo man aus dem Wald vor ein prachtvolles Landschaftsbild tritt, das den Sigriswilergrat, die Berge des Diemtigtales, den Niesen und die Stockhornkette umfasst. Dieses Bild begleitet uns auf dem Gang am obern Saum der Weiden des Honeggli. Aus einer Senke steigt ein Weglein schräg durch die Rasenflanke. Direkt talüber der bewaldete Grünenbergpass, über dem die Jungfraugruppe thront. Vom Gatter weglos zum Waldsaum empor, wo ein wahrer Panoramaweg hoch über dem Eriz beginnt. An seiner Linksbiegung über die Weiderippe hinauf zum Zaunübergang bei Pt. 1509 und auf dem Waldgrat mühelos weiter. Pt. 1546 umgehend, führt das bequeme Weglein durch die steile, dicht bewaldete Nordflanke der *Honegg,* senkt sich darauf durch den Südhang, um später auf dem Gratrücken zu verlaufen, wo bei Pt. 1431 ein Fahrweg beginnt (nach Süderen–Oberei ⟿ 1 Std. 30 Min.), der die *Chnubelegg* berührt (nach Oberei ⟿ 1 Std.) und oberhalb der Chnubelhütte den Wald verlässt. Hier herrlicher Blick zu den Bergen des Kandertales. Am Waldrand ebenaus in eine ebene Forststrasse, von welcher nach 5 Min. ein Fussweg abzweigt, der sich durch die Waldflanke senkt.

Am Waldausgang beim Fallenstutz (nach Eriz–Linden ⟿ 50 Min.) geht der Blick über das Thuner Westamt zu den Höhen am Gurnigel und Längenberg mit dem Guggershörnli. Einen Querweg kreuzend, auf grasigem Weg schräg durch den Weidehang hinunter und in genussreicher Wanderung auf der Talscheide zwischen Zulg und Rotache weiter, wobei der beidseitige Waldreichtum beeindruckt. Später am idyllischen Surhüttli vorüber zum schöngelegenen Hof *Hinter Chapferen.* Nun auf dem Teersträsschen über die Egg.

Nach einem Waldstück fällt dieses in weiten Kehren über Vorder Chapferen zum Hof Chürzi. Hier auf undeutlicher Wegspur in den nahen Wald hinunter und auf holprigem Fussweg waldabwärts. Vom Ausgang weglos am Waldsaum der etwas sumpfigen Weide entlang leicht abwärts, dann nach rechts zum Gatter und auf Pfadspur durch die ebene Wiese zum schönen Gebäude der Gemeindeverwaltung Oberlangenegg. Auf Asphalt zur Verkehrsstrasse hinüber, welcher man während 15 Min. bis in das von der Kirche überragte Dörflein *Schwarzenegg* zu folgen hat.

44 Kemmeriboden Bad– Chadhus–Marbachegg

Zum Teil steiler, aber landschaftlich sehr schöner Aufstieg, angesichts des Hohgant, zu einem lohnenden Aussichtspunkt. Kurzes Teilstück auf Hartbelag.

Route	Höhe in m	Hinweg	Rückweg
Kemmeriboden Bad	976	–	2 Std. 25 Min.
Schibehüttli	1266	45 Min.	2 Std.
Ober Habchegg	1407	1 Std. 25 Min.	1 Std. 20 Min.
Chadhus	1318	1 Std. 50 Min.	45 Min.
Marbachegg	1483	2 Std. 50 Min.	–

Beim *Kemmeriboden Bad* auf dem am rechten Emmeufer abzweigenden Strässchen wenige Schritte durch den Wald flussaufwärts, dann auf steilem Karrweg am Wald bergan. An der Gabelung links über den Bach und durch den Rain nach Unter Chemmeri hinauf. Eindrücklich hoch ragt der helle Felsturm des Schibegütsch empor. 100 m hinter den Gebäuden steigt ein Fussweg steil am bewaldeten Bachgraben an und mündet gegenüber dem Hof Ober Chemmeri in einen Karrweg. Auf diesem über den Graben und über eine steile Rasenrippe zu einem Weidestall empor, von wo sich der

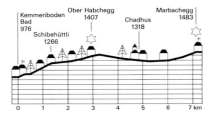

Schrattenflue und Hohgant sind Kalksteingebirge. Beide weisen ausgedehnte, rillig zerrissene Karrenfelder auf, die durch die auflösende Einwirkung von kohlensäurehaltigen Regen- und Schmelzwassern entstanden sind. Karrenfeld an der Schrattenflue (Route 44).

Weg, die Kantonsgrenze überschreitend, recht steil zum *Schibehüttli* emporwindet, das gegenüber dem Hohgant herrlich über dem Tal von Bumbach steht. Blick hinüber zur Marbachegg. Der gute Weg, der im Frühling oft wieder hergerichtet werden muss, führt durch eine breite schiefrige Erosionszone, worauf man auf schmalem Pfad den Weidehang zum schöngelegenen Gehöft Lauizug durchquert. Auf angenehmem Fahrweg aufwärts in den Wald. Vor der Rechtsbiegung auf grasigem Fussweg nach links und durch eine kleine Bachmulde nach *Ober Habchegg* hinauf, einem wahren Aussichtsbalkon gegenüber der «Krone des Emmentals», dem Hohgant. Über den Riedergrat schaut die Jungfraugruppe, während im Westen die Stockhorn-Gantrisch-Kette den Horizont bildet. Auf festem Strässchen bequem zur Weggabel unterhalb Imbrig und nun auf Hartbelag abwärts zu der in aussichtsreicher Lage am Sonnenhang stehenden Hofgruppe *Chadhus* mit hübscher Kapelle. Das Strässchen fällt durch den Wald und steigt aus dem Sattel von Spicher nach Wittenfären. Unterwegs packender Blick zum Hohgant. Die lange Zackenreihe des Schrattenfluemassivs mit den unzähligen jähen Hangfurchen präsentiert sich hier sehr eindrücklich. In die Gratlücken des Rieder- und Brienzergrates recken sich Finsteraar- und Schreckhorn. Kurz abwärts zur Weggabelung (nach Bumbach ⊟ 1 Std) und recht steil zum breitdachigen Hof Ober Lochsitli hinauf. Dort ebenen Weges nach links zu einem Stall und auf stotzigem Karrweg zur *Marbachegg*. Der auf dem Herweg immer wieder erfreuende Ausblick hat sich hier zu einem weitgespannten Panorama entfaltet. Dazu kommt neben der Bergstation der

Gondelbahn der packende Ausblick über das Tal von Marbach ins Napfbergland.

Abstiege
Über Ober Lochsitli nach Bumbach 🚌 1 Std. 20 Min.
Über Wittenfären–Spicher–Nesslenboden nach Marbach 🚌 1 Std. 30 Min.

45   Kemmeriboden Bad– Wannenpass–Planalp

Bergweg. Landschaftlich lohnender, aber sehr steiler Übergang über den Brienzergrat. Im oberen Teil sehr anstrengend und bei Nässe Vorsicht erheischend. Nur für trittsichere Berggänger. Zu Beginn 2 km Hartbelag.

Route	Höhe in m	Hinweg	Rückweg
Kemmeriboden Bad 🚌	976	–	5 Std.
Hinter Hübeli	1066	25 Min.	4 Std. 40 Min.
Spierweid	1342	1 Std. 15 Min.	4 Std. 10 Min.
Arnibergli	1511	2 Std.	3 Std. 40 Min.
Wannenpass	2071	3 Std. 45 Min.	2 Std. 30 Min.
Rotschalp/Läger	1709	4 Std. 30 Min.	1 Std. 10 Min.
Planalp 🚂	1344	5 Std. 15 Min.	–

Vom *Kemmeriboden Bad* auf der Asphaltstrasse emmeaufwärts und durch die bewaldete Talenge der «Wilden Bockten», wo der östliche Ausläufer des Hohgant nahe an den Schibegütsch herantritt und der Fluss in tiefer Schlucht rauscht. Beim *Hinter Hübeli* die Brücken über die Emme und den Schöniseibach überschreiten und an der nächsten Gabelung nach links zum schönen Hof Vorder Schönisei hinauf (Ende des Hartbelags). Nun auf rauhem Natursträsschen weiter. Packender Aufblick zum felsigen Schibegütsch. Abwechselnd durch Wald und über Wiesenlichtungen steigt das

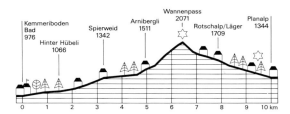

Strässchen gemächlich an, und nachdem man bei Pt 1209 an einem alten Stall vorbeigekommen ist, geht es in einen Fussweg über, welcher am östlichen Waldrand längs einem Graben kräftig ansteigt und darauf zum benachbarten westlichen Waldrand wechselt, wo ein teilweise plattiger Alpweg beginnt, auf dem man über die Weiden zu der von Ahornen umgebenen Hütte der *Spierweid* aufsteigt. Auf Fussweg nach links und zeitweise etwas ruppig und sumpfig zum Wegweiser auf 1380 m. Hier scharf nach links in den nahen Bachgraben und über den Gegenhang auf sumpfiger Wegspur zum nächsten Wegweiser hinauf, wo man den bequem angelegten Alpweg betritt, der zum Fuss des jäh aufragenden Tannhorns ausholt und zu den Hütten des *Arniberglis* steigt. Zwischen Hohgant und Schibegütsch geht der Blick über die Höhen des Emmentals bis zum Jurawall und westwärts in die grüne Mulde an der Widegg.

Der steiler werdende Weg schlingt sich zur Arnibergegg empor (Pt. 1595), wo der Blick zu Fürstei und Grönflue frei wird. Von der flachen Grathöhe geht es nun weglos und mühsam direkt über die steile Rasenrippe bergwärts. Die Farbmarkierung leitet zum Beginn des schmalen Fusswegleins, auf dem man sich in vielen kurzen und längeren Kehren über den sehr abschüssigen, stellenweise recht ausgesetzten Rasenhang emporarbeitet. Am nahen Tannhorn lässt sich der Gewinn an Höhe abschätzen. Aus einer Geröllmulde unter dem Balmi führt der steile Schlussanstieg schräg links zur Lücke des *Wannenpasses* zwischen Briefenhörnli und Tannhorn, wo man unvermittelt die Firne des Susten- und Triftgebietes und die Wetterhörner vor sich hat. Über dem scharfen ostwärts ansteigenden Gratfirst erhebt sich das Brienzer Rothorn. Hohgant und Schibegütsch umrahmen das Bild des wie eine ausgebreitete Landkarte zum Jura hingedehnten Emmentals und Mittellands. Zu Füssen der hellen Steinwüste der Schratten das grüne Mariental. Beeindruckend tief zu Füssen der Brienzersee mit der Einmündung der Aare.

Der Abstieg über den ebenfalls recht steilen, aber doch weniger gefährlichen schuttigen Südhang ist recht mühsam, da weder Weg noch Markierung vorhanden. Dafür entschädigt der Anblick der Eisriesen des Oberlandes, die sich nach und nach von der Trift bis zur Blüemlisalp aufreihen. Erst in der Nähe der Hütten der Rotschalp betritt man endlich einen Weg, wobei neben dem in weiten Kehren abfallenden Fahrweg noch der kürzere alte Alpweg besteht.

Auf rauhem Fahrsträsschen geht es von *Rotschalp/Läger* durch die teils offene, teils locker bewaldete Steilflanke zur *Planalp* hinunter. Unterwegs herrliche Ausblicke in den Talboden der Aare mit Meiringen und direkt hinunter auf Brienz und die andern Uferdörfer am unbeschreiblich schön gefärbten See.

46 Kemmeriboden Bad–Ällgaulücke–Oberried

Bergweg ab Mirrenegg. Überquerung des Riedergrates. Erste 90 Min. auf Hartbelag. Prächtige Aussicht auf den Brienzersee und die Hochalpen, sowohl in der Ällgaulücke wie am Bitschigrind.

Route	Höhe in m	Hinweg	Rückweg
Kemmeriboden Bad 🚌	976	–	6 Std.
Mirrenegg	1380	1 Std. 30 Min.	4 Std. 50 Min.
Ällgaulücke	1918	3 Std. 10 Min.	4 Std.
Bitschigrind	1694	3 Std. 35 Min.	3 Std. 15 Min.
Oberried 🚂 ⛴ 🚌	589	5 Std. 30 Min.	–

Vom *Kemmeriboden Bad* auf geteerter Strasse emmeaufwärts und durch die bewaldete Talenge der Wilden Bocken, wo der östliche Ausläufer des Hohgant nahe an den Schibegütsch herantritt und der Fluss in tiefer Schlucht rauscht. Beim *Hinter Hübeli* die Brücken über die Emme und den Schöniseibach überschreiten und an der nächsten Strassengabel geradeaus. Die Strasse legt sich kurz an die Emme und steigt darauf zur Brücke über den die Kantonsgrenze bildenden Mirrenbach. In weiten Kehren windet sie sich zur Hüttengruppe auf der Terrasse der *Mirrenegg* empor, wo sie endigt. Bis hierher alles Hartbelag. Schöner Blick zum breiten Hohgant und zu den Felsbastionen Schibegütsch und Hengst, während im Süden die Gipfel des Riedergrates steil aufragen. Eine grasige Fahrspur steigt direkt über den Weidehang und setzt sich vom nächsten Plateau als steiniger Karrweg schräg aufwärts fort. Bei den in einer Hochmulde stehenden Hütten von *Ällgäuli* vereinigt sich die Route mit derjenigen vom Tannigsboden her. Rechts ausholend in ein Hochtälchen empor und gegenüber den Hütten von Ober Läger auf rauhem Pfad durch den Steilhang des Ällgäuhorns in die *Ällgaulücke* hinauf. Überraschender Ausblick auf die Hochalpen vom Spannort über Titlis und Sustenhorn bis zum Lauterbrunner Breithorn und auf den grünen Brienzersee. Links oben das Brienzer Rothorn.

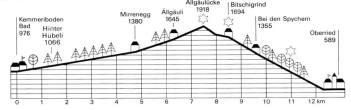

Eggiwil, Schangnau, Kemmeriboden

In westlicher Richtung führt der luftige, aber gute Pfad durch die jähe Bergflanke. Dabei treten auch die übrigen Gipfel bis zum Wildhorn ins Bild. Bald erreicht man den *Bitschigrind* (Pt. 1694), einen aus der Bergflanke vorragenden Hügel, der einen grossartigen Aussichtsbalkon über dem See darstellt. Die kleine Hütte diente beim Bau der Lawinenverbauungen.
Auf deutlichem Pfad westwärts über die steile Grasflanke in den Wald hinunter. Die nun folgende Waldwanderung auf gutem Weg wird nur an der Lichtung von *Spychern* (Pt. 1355) kurz unterbrochen, die mit Ruhebänken und Brunnen zur Rast einlädt. Hier sollen früher Käsespeicher gestanden haben. Von der Alp Ällgäu wurde der Käse auf dem Räf hierhergetragen, um später mit Schlitten zu Tal befördert zu werden. Auf einfachem Holzsteg das meist trockene gemauerte Bett des Hirscherenbachs querend, verlässt man den Wald. Es kommt vor, dass nach starkem Schneefall hoch oben am Grat die Hirscherengrabenlaui losbricht und, den Verkehr auf Strasse und Schiene unterbrechend, bis in den See hinunter fährt. Auf holprigem Weg hinunter nach *Oberried*. Der Zugang zur Bahnstation ist unterhalb der verkehrsreichen Hauptstrasse gut markiert.

47 Kemmeriboden Bad– Widegg–Habkern

Landschaftlich sehr schöne Passwanderung aus dem Quellgebiet der Emme ins Habkerntal. Zu Beginn 2,5 km. Hartbelag, sonst Bergweg.

Route	Höhe in m	Hinweg	Rückweg
Kemmeriboden Bad 🚌	976	–	5 Std. 10 Min.
Schärpfenberg	1278	1 Std.	4 Std. 15 Min.
Steini	1350	1 Std. 35 Min.	3 Std. 50 Min.
Widegg/Bol	1706	3 Std. 10 Min.	2 Std. 40 Min.
Bolsiten	1109	4 Std. 25 Min.	40 Min.
Habkern 🚌	1055	5 Std.	–

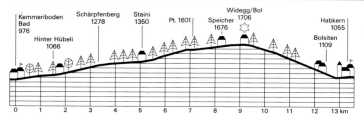

Die Wanderung beginnt beim *Kemmeriboden Bad* auf der Asphaltstrasse, die dem linken Ufer der in ihrem Blockbett kräftig daherrauschenden Emme folgt und durch die Talenge ansteigt, wo der Fluss in der tiefen Schlucht der «Wilden Bockten» liegt und dort einen schönen Wasserfall bildet. An der Gabelung beim *Hinter Hübeli* rechts aufwärts zu den Ferienhäusern auf Harzisboden. Jäh ragt die Felsburg des Schibegütsch empor. Von dem nun beginnenden Natursträsschen zweigt bald ein Alpweg in die Bergflanke ab. Bereits hat man den Überblick auf den Riedergrat vom Tannhorn zum Augstmatthorn gewonnen. Auf dem äusserst steinigen und steilen Weg gewinnt man den obern Saum des Waldgürtels und erreicht bald darauf die Hütten der Alp *Schärpfenberg.* Nun auf angenehmem Alpsträsschen gemächlich aufwärts ins bewaldete Hochtal des Leimbachs und zur Alp *Steini.* Etwa 300 m nach der Hütte zweigt ein Weg ab, der, wiederum sehr rauh beschaffen, durch die felsige Waldflanke des Petschingel steigt. Er quert unterhalb eines hübschen Wasserfalls einen Bach und tritt bei *Pt. 1601* den vom Ällgäu niederfliessenden Leimbach querend, aus dem Wald, um sich durch die tannenbestreuten Weiden gemächlich westwärts zu ziehen. Neben dem Augstmatthorn ist der Gipfelkranz von der Jungfrau zum Gspaltenhorn ins Bild getreten, und nach und nach gesellen sich auch Mönch und Eiger dazu. Nach rückwärts Blick zum massigen Hohgant. Die kleinen und grösseren Wasserläufe, die man quert, fliessen dem Bergkessel zur Linken zu und vereinigen sich mit anderen im Teufengraben zur jungen Emme. Man kreuzt das zum Ällgäu aufsteigende Strässchen und erreicht an der idyllischen Hüttengruppe *Speicher* vorüber bequem die Wasserscheide der *Widegg,* wo der Blick weit nach Westen zur Wildstrubel-Wildhorn-Gruppe fliegt. Jenseits des Traubachtales Gemmenalphorn und die Sieben Hengste, jenseits des bewaldeten Grüenenbergpasses die Höhen des Emmentals.
Auf der Grathöhe zu den nahen, prächtig gelegenen Hütten von *Bol,* wo nun auch Finsteraar- und Schreckhorn sich zeigen (zur Skihütte Wintröscht 25 Min.). Zunächst flach im Westhang des Bolbergs verlaufend, beginnt der Weg bald über die Bolsitenallmi abzufallen. Unvermittelt grüsst nach einiger Zeit ein Zipfel des Thunersees herauf. Am Lammbach betritt man ein Teersträsschen, von dem aber bald ein Fussweg abzweigt, der kurzweilig über blumenreiche Lichtungen hinunter führt und bei einer Kehre wieder in das Strässchen mündet. Auf diesem kurz abwärts, bis wieder ein Wiesenpfad die nächste Schleife abschneidet. Am Westrand des Weilers *Bolsiten* zeigt ein hübscher Wegweiser geradeaus zu einem Pfad, der durch einen engen Graben zur Traubachbrücke fällt. Diese überschreiten und auf Asphalt zur Post *Habkern* hinauf. Der Name stammt von Habicht (Habch); einen solchen zeigt denn auch das «redende» Gemeindewappen. Habkern hat sich zu einem beliebten ganzjährigen Ferienort entwickelt.

48 Kemmeriboden Bad–Schärpfenberg–Hohgant

Bergweg ab Steini. Anspruchsvoller Aufstieg zur «Krone des Emmentals». Gutes Schuhwerk unerlässlich. Der Hohgant gehört zum Inventar der zu erhaltenden Landschaften von nationaler Bedeutung (KLN) und bildet zusammen mit dem Trogenmoos und dem Seefeld ein Naturschutzgebiet von 23 km². Zu Beginn 1,5 km Hartbelag.

Route	Höhe in m	Hinweg	Rückweg
Kemmeriboden Bad	976	–	3 Std. 15 Min.
Schärpfenberg	1278	1 Std.	2 Std. 20 Min.
Pt. 1601, südl. Ällgäu	1601	2 Std. 30 Min.	1 Std. 20 Min.
Ällgäuli	1709	3 Std.	1 Std.
Hohgant/Furggengütsch	2196	4 Std. 30 Min.	–

Auf Route 47 von *Kemmeriboden* über *Hinter Hübeli–Schärpfenberg–Steini* zu *Pt. 1601,* an dem vom Ällgäu niederfliessenden Leimbach. 100 m vor der Brücke am Waldausgang zweigt ein teilweise sumpfiger Fussweg ab. Durch den Wald und darauf schwach ausgeprägt über Lichtungen und die Weide des Ällgäu steigt er zu dem ins *Ällgäuli* führenden Alpsträsschen. Prächtiger Ausblick zum Riedergrat und zu den Hochalpen. Von der ersten Hütte schräg durch die Weide und zwischen den Steinhaufen zuerst weglos, dann auf deutlichem Bergpfad aufwärts. In der Nähe der obersten Bäume überquert man einen Rasensattel und gewinnt am untern Rand der Geröllhalde unter den Flühen der Steinigen Matte und am Brunnen vorüber den von rechts aufsteigenden Fussweg. Auf diesem durch die Geröllhalden in die Karrhole, den Kessel zwischen Steinige Matte und Furggengütsch empor. Der grobsteinige Pfad windet sich darauf durch die Rasenkehle unter den Drei Bären hinauf. So heissen die drei Gratbuckel im Verbindungsgrat zwischen den beiden Hohgantgipfeln. Wenige Meter unterhalb eines Brünnleins mit frisch-klarem Wasser nach rechts halten. Der Pfad wird nun besser

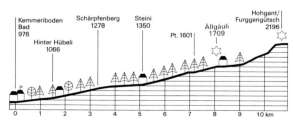

Verwitterte Felsblöcke auf der Südseite des Hohgant (Route 48). Im Hintergrund die Widegg, Wasserscheide zwischen Emme und Lombach. Einzigartig ist die Aussicht von diesem Voralpengipfel aus. Dagegen sind die steilen Anstiege bei nassem Boden nicht ungefährlich, weshalb für die Besteigung gute, feste Schuhe mit griffiger Sohle unerlässlich sind.

und zieht sich durch die luftige Rasenflanke in den Sattel westlich des Ostgipfels, des *Furggengütsch,* hinauf, der nun mit wenigen Schritten gewonnen ist. Die im Aufstieg immer wieder beeindruckende Aussicht nach Süden ist zum gewaltigen Bergpanorama geweitet, das vom Säntis bis zu den Waadtländer und Freiburger Alpen reicht. Zwischen Wildstrubel und Wildhorn ist auch der Mont Blanc erkennbar. Besonders schön die grüne Kulisse vom Brienzer Rothorn zum Augstmatthorn. Gewaltig der Ausblick über das Emmental und das höhere Mittelland zum langen Jurawall.

Rückweg auf gleicher Route oder Abstieg aus der Karrhole zum Blockhaus SAC (Pt. 1801) und landschaftlich sehr reizvoll auf ruppigem, Behutsamkeit erforderndem markiertem Pfad nach Schärpfenberg. Ungefähr gleicher Zeitbedarf.

49 Eriz–Wimmisalp–Kemmeriboden Bad

Bergweg. Höhenwanderung über die Weiden am Nordfuss des Hohgant. Teilstück der nationalen Alpenrandroute.

Route	Höhe in m	Hinweg	Rückweg
Innereriz/Post	1040	–	4 Std.
Ober Breitwang	1368	50 Min.	3 Std. 25 Min.
Wimmisalp	1422	1 Std. 20 Min.	3 Std.
Luterschwändi	1416	2 Std. 30 Min.	2 Std.
Baumgarten	1226	3 Std. 15 Min.	1 Std.
Kemmeriboden Bad	976	4 Std.	–

50 Meter hinter dem Restaurant Säge im *Innereriz* geht ein Fussweg ab, der die Ferienhaussiedlung streift und nahe dem Dräckergraben sehr steil über die Waldrippe ansteigt. Oben schaut man am Rand des Naturschutzgebietes Rotmoos zur weichgeformten Sichel hinüber, dem Passübergang zum Thunersee zwischen Sieben Hengsten und Burst. Dem Weidhag entlang mühelos in den nächsten Wald hinüber und zum Rastplatz mit Feuerstelle am Waldrand oberhalb des Ferienheims. Blick in das zum Grüenenbergpass ansteigende Tälchen hinüber. Beim nahen Schuppen halbrechts bergan und auf rauhem Karrweg zu Füssen der Zacken des Trogenhorns über den Weidehang zu den von herrlichen Ahornen beschatteten Hütten von Unter Breitwang hinauf. Blick zur Honegg hinüber und durch das Eriz hinaus weit nach Westen. Auf weichem Weideboden weiter bergan nach *Ober Breitwang*. Dort auf der Rasenrippe kurz aufwärts zum Beginn des Fusspfades, der unter den jäh aufragenden Flühen des Widderfelds den Steilhang der weiten Hochmulde von Hungerschwand zum Gratsattel Pt. 1452,2 quert, dort horizontal weiterläuft und in das zur Wimmisalp führende Alpsträsschen mündet. Dieses nach wenigen Metern verlassen und mit Blick zu Schibegütsch und Schratten gegenüber den Hütten von *Wimmis* geradeaus. Vor

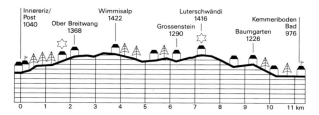

Alter Käsespeicher am Schallenberg, umgeben von prächtigen Bergahornen (Routen 50 und 63).

dem Wald durch die Felssturzzone abwärts zu einem Bächlein, dann nach rechts durch den mit moosigen Blöcken durchsetzten Wald. Über liebliche Lichtungen und durch ein steil abfallendes Waldstück hinunter, dann horizontal durch den Weidehang von Glunti in den nach Gmeinenwängen aufsteigenden Fahrweg. Von der obern Hütte schlingt sich dort der Weg recht steil zur Hangkante empor. Hier taucht der Blick in die vom Wachthubel überragte Talmulde von Schangnau. Am Skilifthäuschen vorüber, dann auf der Weiderippe weglos abwärts. Alsdann auf sumpfigem Boden dem Weidhag entlang und einen Bach querend zur Hütte von *Grossenstein* hinüber (nach Bumbach 🚌 45 Min.). Nun auf holprigem Alpweg schräg durch den steilen Weidehang zu den Hütten von *Luterschwändi* empor, auf aussichtsreicher Hangschulter unter den imposanten Flühen des Hohgant. Zwischen Schibegütsch und Kemmeribodenflühen bilden die Luzerner Voralpen den östlichen Horizont. Auf rauhem Karrweg leicht abwärts, dann weglos fast flach durch die verwilderte Weide zu einer auffälligen Felspyramide und weiterhin weglos weideabwärts. Bald wird das Weglein deutlicher. Es quert den geröllbesäten Hang zum abgestorbenen Strunk des riesenhaften Jurtenahorns (einst geschützt), worauf man gegen Jurten hinunter wieder auf die rotweissen Farbzeichen angewiesen ist. Oberhalb der Hütten nach rechts und über das Steilbord auf den typischen Moränenkamm hinauf. Der folgende weglose Routenabschnitt über die schlechte Weide empor nach Büelmeschwand ist oft recht morastig (nach starkem Regen empfiehlt sich der Abstieg von Jurten zum Bödeli und Benützung der Talroute). Von der Hütte weglos ostwärts zu einem Bächlein, wo angesichts der Hütte von

Eriz, Röthenbach

Baumgarten wieder ein Fussweg beginnt. Ein wunderschöner Ahorn steht neben der Hütte, wo im Hintergrund der Emmeschlucht das Brienzer Rothorn sichtbar ist. Auf dem Alpweg steil talwärts. Unterhalb des Gepsli betritt man die Talroute, die auf anmutigem Natursträsschen nahe der Emme zum *Kemmeriboden Bad* führt und einen mühelosen Abschluss der Wanderung schenkt.

50 Röthenbach–Naters–Turner–Schangnau

Durch das aussichtsreiche Alpgelände am Schallenberg und den waldreichen Hang der Honegg zum Fuss des Hohgant. Teilstücke auf Hartbelag.

Route	Höhe in m	Hinweg	Rückweg
Röthenbach 🚌	824	–	4 Std. 20 Min.
Nägelisboden	962	30 Min.	4 Std.
Natersalp	1213	1 Std. 15 Min.	3 Std. 30 Min.
Schallenberg/Passhöhe	1167	2 Std.	2 Std. 45 Min.
Turner	1305	2 Std. 30 Min.	2 Std. 25 Min.
Scheidzunhubel	1284	3 Std. 35 Min.	1 Std. 25 Min.
Ober Gemmi	1105	4 Std.	50 Min.
Schangnau 🚌	930	4 Std. 40 Min.	–

Von der Post in *Röthenbach* (S. 171) gegen den von der schmucken Kirche überragten Dorfplatz. Gegenüber dem «Rössli» das dem Ufer des Jassbachs folgende Teersträsschen einschlagen, das bald nach rechts biegt und den Rötenbach überquert. Vom Hof Schachen steigt es sehr steil durch den Wald zu den gegenüber Chapf und Chuderhüsi am Terrassenrand stehenden Höfen von *Nägelisboden.* Das Strässchen schlingt sich über den Weidehang weiter bergan. An seiner Wende nach links gegen Ober Münchegg geht man auf vergraster Wegspur geradeaus aufwärts, unter dem Wald nach

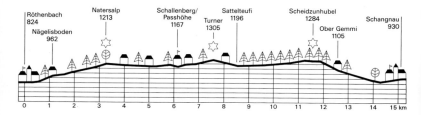

links, dann dicht am Saum der Bergrippe folgend, mit freiem Ausblick nach Norden und Osten, steil bergwärts. Über anmutige Lichtungen gewinnt man die Hochweide, durch welche man am Weidestall vorüber das Signal auf dem höchsten Punkt der *Natersalp* (1213,6 m) erreicht, einen der schönsten Aussichtspunkte des Emmentals. Von der baumbestandenen Kuppe erfreut vor allem der Blick in den Raum des Thunersees mit den umrahmenden Voralpengipfeln, während im Herzen des Kandertales Firnelicht glänzt. Dazu kommt der unmittelbare Blick zu Schibegütsch und Hohgant und auf die Höhen des Oberemmentals.
Der Gang auf weichem Weideboden über den langen Hügelkamm gegen Hinter Naters ist bei freiem Ausblick nach beiden Seiten wahrhaft beglükkend. An den breitdachigen, von stattlichen Bäumen beschatteten Gebäuden vorüber läuft der angenehme Alpweg durch die Weide südwärts, wobei man den wuchtigen Hohgant vor sich hat. Nach der Hüttengruppe Gabelspitz zum Strässchen geworden, steigt er am Wald etwas an und fällt darauf zur nahen Passhöhe der *Schallenbergstrasse,* die man beim Restaurant kreuzt, um auf geteertem Strässchen den Gegenhang zu ersteigen. Gleich am Anfang liegt rechts in der Wiese der geschützte Gabelspitzstein, den der eiszeitliche Emmegletscher hier liegenliess. Die drei Kreuze und die Jahrzahl 1595 sollen nach der Überlieferung an eine Bluttat erinnern.
Bei den Hütten der Schinegg hat man erneut eine schöne Aussichtswarte gewonnen. Beim hintersten Gebäude auf Wegspur durch die Weide empor, nach rechts zum Wald und am Saum zur Grathöhe. Über diese zur lindengekrönten Rasenkuppe des *Turner,* wo vor allem der Blick in das von Schibegütsch, Rothorn und Hohgant umrahmte Tal von Bumbach und nordwärts gegen Eggiwil die Mühe lohnt. Auf dem Alpweg nach rechts talwärts. Dabei beeindruckt der riesige, lückenlos bewaldete Nordhang der Honegg, wichtiger Wasserspeicher für das Emmental. Vom Hof Sattel windet sich ein Teersträsschen in die Senke der *Sattelteufi* hinunter. Hier nach links waldeinwärts. Die angenehme Foststrasse zieht sich 3 km weit durch den Nordhang der Honegg. Bis Pt. 1192 oberhalb Städeli verläuft sie horizontal, dann steigt sie gemächlich zum Waldausgang am *Scheidzunhubel,* wo man unvermittelt das Tal von Bumbach wieder vor sich hat. Schön auch der Blick ins grüne Eriz mit der schöngeformten Sichel, dem Übergang ins Justistal. Hinunter zum Weidebrunnen und die Rasenkuppe bei der Alphütte überqueren. Die Farbzeichen leiten über den steilen Weiderücken hinunter zu den Hütten von *Ober Gemmi.* Nun auf dem in Kehren abfallenden Teersträsschen über Schwarzbach hinunter zur Holzbrücke über die Emme. Diese überschreiten. Nördlich der Häusergruppe Müli zweigt ein Fussweg ab, der durch eine steile Hohle zur weiten Feldterrasse unterhalb von *Schangnau* steigt. Dem Färzbach entlang auf Hartbelag ins Dorf hinauf.

51 Röthenbach–Würzbrunnen–Chuderhüsi–Signau

Wanderung zum reizenden Würzbrunnenkirchlein und zum prachtvollen Aussichtspunkt Chuderhüsi mit bequemem Abstieg ins schmucke Dorf Signau. Einige Teilstücke auf Hartbelag.

Route	Höhe in m	Hinweg	Rückweg
Röthenbach 🚌	824	–	2 Std. 40 Min.
Würzbrunnen	957	30 Min.	2 Std. 20 Min.
Chuderhüsi	1103	1 Std.	2 Std.
Meienried	1014	1 Std. 30 Min.	1 Std. 25 Min.
Ryffersegg	923	1 Std. 50 Min.	1 Std.
Steinen	725	2 Std. 15 Min.	25 Min.
Signau 🚂 🚌	683	2 Std. 40 Min.	–

Über *Röthenbach* (S. 171). Neben dem Pfarrhaus (bunte Fensterläden) geht der Fussweg rainaufwärts ab, der nach kurzem Anstieg hoch über der Strasse dem Waldsaum folgt. Dicht an einem Gehöft vorüber und aufwärts in den Wald. Dort sogleich nach links und am Saum in einen Hangweg hinauf, der zum Terrassenrand steigt und sich dann dem nahen Kirchlein von *Würzbrunnen* (S. 172) zuwendet, einem Kleinod des Emmentals, dessen Besuch man keinesfalls unterlassen sollte.
Auf breiter Asphaltstrasse am Wald leicht aufwärts. Bald geht ein Fahrweg links ab, der es erlaubt, einen Strassenbogen abzuschneiden, worauf man sich durch den Weiler Rüegsegg und bis zum *Chuderhüsi* an die in Schlaufen aufsteigende Strasse zu halten hat. Das Kurhaus Chuderhüsi erfreut sich eines grossartigen Bergpanoramas. Links von der Strasse in den Goucherenwald und über das Waldplateau westwärts bis zur Wegkreuzung Pt. 1132. Hier rechts abwärts zum Waldausgang, wo der Blick ein langes Stück des Juras erfasst. Auf dem geteerten Gütersträsschen parallel zur Verkehrsstrasse über den sanft geneigten Bergrücken an einigen Höfen vorüber

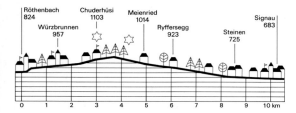

Dunkle Wälder, lichte Eggen, weite Äcker und saftige Matten: Inbegriff des Wanderlandes Emmental. Wanderweg bei Äbersold im Churzenberggebiet (Routen 55, 56 und 62).

nach *Meienried* hinunter, von wo man für etwa 15 Min. die Strasse zu benützen hat, die man bei den schönen Höfen der *Ryffersegg* nach rechts verlassen kann. Beim letzten Hof nach links und auf angenehmem Grasweg im Linksbogen rainabwärts in den Schwändiwald. Ein Karrweg senkt sich nordwärts zum Waldausgang nahe den Höfen von Hinter Schwändi. Nun auf dem Zufahrtssträsschen durch die Lehne des Steinengrabens hinunter nach *Steinen*. Links am hohen Mühlesilo vorüber auf das Teersträsschen, das sich am Fuss des Steilhanges an den Gehöften von Stocki vorüber und die Umfahrungsstrasse überquerend, später die Bahnlinie kreuzend, zum Usserdorf von *Signau* zieht. Dorfeinwärts zur Station. Über Signau S. 171.

52 Signau–Eggiwil–Schangnau

Abwechslungsreiche Wanderung am Oberlauf der Emme. Zwei längere Teilstücke auf Hartbelag.

Route	Höhe in m	Hinweg	Rückweg
Signau 🚶 🚂	683	–	4 Std. 45 Min.
Mutten/Schulhaus	738	30 Min.	4 Std. 20 Min.
Dieboldswil 🚂	718	1 Std. 40 Min.	3 Std. 10 Min.
Eggiwil/Hellsteg 🚂	738	2 Std. 15 Min.	2 Std. 35 Min.
Sorbach	768	3 Std.	1 Std. 50 Min.
Pfaffenmoos	950	3 Std. 50 Min.	1 Std. 15 Min.
Schafschwand	967	4 Std. 30 Min.	40 Min.
Schangnau 🚂	930	5 Std. 10 Min.	–

Von der Station *Signau* (S. 171) ins nahe Gässli, dann durch die Bahnunterführung und über den Schüpbachkanal in die Stullenmatt. Die Umfahrungsstrasse überquerend, steigt die Strasse in die Waldhohle an, wo links ein Fussweg zur Höhe der Terrasse abzweigt. Für etwa 40 Min. hat man sich nun an die geteerte Strasse zu halten, die an behäbigen Bauernhöfen, dem Schulhaus und der Käserei vorbei die Ebene von *Mutten* durchquert. An der Gabelung nach dem Schiessstand am Waldrand geradeaus. Einen Waldgraben querend, setzt sich die Strasse über Erlenbach–Hambüel fort und schlängelt sich nach Mettlen hinauf (1988 Ende des Hartbelags). Vom zweiten Hof der Hambüelweid fällt ein sehr rauher Karrweg am bewaldeten Bachgraben nach Steineren. Auf dem Zufahrtssträsschen im Linksbogen durch den Talboden zum Sägewerk und zur *Horbenbrügg*, der ältesten pfeilerlosen Holzbogenbrücke im Emmental. 1834 erbaut, überstand sie die historische Wassergrösse von 1837. Auf dem rechts abzweigenden Teersträsschen am Fouzbach aufwärts und vor dem grossen Hof Usser Zimmertsei nach links und am Rand der Ebene am Skilift Netschbüel vorbei zu den prächtigen Höfen von Inner Zimmertsei (im Kunstführer erwähnt). Auf gutem Feldweg geradeaus zur Bushaltestelle Neuhof. Die Talstrasse kreu-

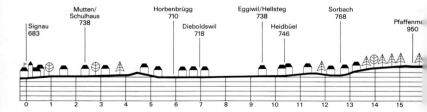

zen und über die nahe Holzbrücke (1887) nach *Dieboldswil*. Vom ersten Hof zieht sich ein angenehmes Flursträsschen durch die Ebene zur Emme hinüber und folgt dieser längs schöner Felder bis zum *Hellsteg* am Dorfrand von *Eggiwil* (S.169). Vom linken Brückenkopf auf dem Feldweg am Ufer aufwärts, der beim nächsten Hof in einen zum Dorfteil *Heidbüel* umbiegenden Grasweg übergeht. Dort bei der Käserei einige Schritte nach rechts, dann auf dem Teersträsschen rainaufwärts, das die Höhe des Büel überquert, um sich darauf zur Emme zu senken und dieser in die Talweitung von *Sorbach* zu folgen. Dort die Brücke überqueren und dicht am nächsten Gehöft vorüber nach rechts an den Waldrand. Diesem kurz folgen, dann auf einem Fussweg über den steilen Waldhang zu einer Gebäudegruppe empor, wo man die Fahrstrasse in einen Karrweg kreuzt, der schräg durch den Weidehang in den Wald aufsteigt. Hoch über dem rauschenden Sorbach zieht sich der gute Weg 2 km gemächlich durch die Waldflanke des Schopfgrabens, steigt einmal auch stärker an, quert einige Erosionsgräben und mündet schliesslich an zwei Gehöften vorbei an ihrer fallenden Rechtskurve in die geteerte Strasse. Auf dieser durch die Senke, in der rechterhand das geschützte *Pfaffenmoos* liegt.

An der Gabelung flach nach rechts und durch ein Wäldchen aufwärts zu einem grossen Hof. Zwischen den Gebäuden durch auf einen ebenen Fahrweg, der unter der Hochleitung dem Walde zu führt. Den tief eingeschnittenen Waldgraben queren und unterhalb einer Holzhütte auf schlechtem Weg durch die Weide etwas ansteigend wieder in den Wald, wo ein guter Pfad über einem engen und sehr steilen Couloir unter mächtiger Nagelfluhbalm verläuft. Darauf wieder auf primitivem Weglein durch eine Weide und nach Querung einer Bachfurt längs dem Bachgraben waldabwärts, alsdann horizontal durch die nächsten Waldpartien nach *Schafschwand,* wo hoch über dem Räbloch, der tiefen Emmeschlucht, ein gedeckter Rastplatz mit Feuerstelle und Brünnlein einlädt. Auf gutem Waldweg waldaufwärts, an einem einsamen Gehöft vorüber und darauf durch den offenen Rain. Eindrücklich umrahmen Schibegütsch, Brienzer Rothorn und Hohgant das Tal von Bumbach, das man nun vor sich hat. Der Weg steigt an einem reizenden

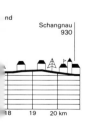

Signau, Bowil, Zäziwil

Bächlein kurz an und wendet sich darauf dem grossen Berghof Scheidbach zu. Zum Abschluss hat man für 20 Min. nochmals mit Asphalt vorlieb zu nehmen. Doch im Wiesenrain über dem Dorf *Schangnau* (S. 171) bietet sich ein abkürzender Fussweg an.

53 Signau–Chapf–Eggiwil

Abwechslungsreiche Wanderung über den herrlichen Aussichtspunkt Chapf ins innere Emmental. Wenig Hartbelag.

Route	Höhe in m	Hinweg	Rückweg
Signau 🚂 🚌	683	–	3 Std. 10 Min.
Schlappach	820	35 Min.	2 Std. 45 Min.
Höhi	961	1 Std. 15 Min.	2 Std. 15 Min.
Chapf	1096	2 Std. 10 Min.	1 Std. 30 Min.
Chapfschwand	950	2 Std. 30 Min.	1 Std.
Schwäissberg	940	2 Std. 50 Min.	45 Min.
Eggiwil 🚌	739	3 Std. 20 Min.	–

Von der Station *Signau* (S. 171) ins nahe Gässli, dann auf der Strasse durch die Bahnunterführung und über den Schüpbachkanal in die Stullenmatt. Die Umfahrungsstrasse überquerend, steigt die Strasse in die Waldhohle an, wo links ein Fussweg abzweigt, auf dem man die Höhe der Terrasse von Mutten gewinnt. Oben die Muttenstrasse kreuzend auf grasigem Weg am Gehöft Wälteli vorüber in die aufsteigende Chapfstrasse hinüber, die man nach 150 m nach rechts verlässt, um am westlichsten Hof von Hasli vorüber auf einem Karrweg steil zum Hasliwald aufzusteigen. Auf festem Strässchen am Saum leicht abwärts, die Chapfstrasse kreuzen und auf einem Fussweg über den Rain empor zu den Höfen von *Schlappach.* Hier die Strasse erneut kreuzend in gleicher Richtung weiter zum nächsten Hof hinauf. Schöner Rückblick hinüber zur Moosegg und über die mit Einzelhöfen übersäte Terrasse von Mutten gegen das Lüderengebiet. Auf gutem Fahrweg nach links

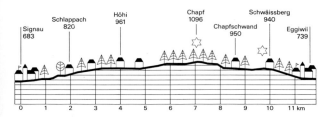

in den nahen Wald und in tüchtigem Anstieg, die Strasse wiederum kreuzend, durch eine Hohle zum obern Waldausgang, dicht vor dem Haus Lamicheli, und hinauf zur Chapfstrasse am Nordsaum des Sängelenwaldes. Schöner Blick gegen Beichlen und Fürstei und ins Lüderen-Napfgebiet hinüber. Beim Bänklein auf weichem Pfad waldeinwärts und vor dem südlichen Waldausgang auf einem Karrweg nach links zum Waldrand. Auf grasiger Wegspur über die Lichtung oberhalb Böschmatt geradeaus und auf gutem Weg waldeinwärts in den schmalen Pfad, der nach rechts zum *Schulhaus Höhi* führt. An der nahen Käserei vorüber, dann auf dem Hangsträsschen nach links, das die weite Hangmulde horizontal nach Langenegg hinüber quert. Beim ersten Hof auf rauhem Feldweg gegen den von einer Linde gekrönten runden Hügel hinauf und durch dessen Südabfall mit prächtigem Alpenblick nach rechts zum Hof Ritzenmätteli. Auf der Hofzufahrt zum nahen Wald. Dort auf der Chapfstrasse einige Meter waldeinwärts, dann auf links abgehendem Weg zur Höhe des Waldplateaus, das man weichen Trittes überquert, bis sich der Weg nach rechts wendet und schliesslich zum Waldrand oberhalb des Hofes Usserchapf fällt.
Dem Waldrand folgen, aber vor der Fahrstrasse, neben der kleinen Sägerei, waldeinwärts und parallel zur Strasse durch den Wald zu der an ihrem Scheitelpunkt stehenden Waldhütte mit Feuerstelle. Vom Waldsaum prächtiger Blick gegen Schratten, Schibegütsch, Rothornkette und Hohgant. Auf dem hier abgehenden Strässchen durch den Wald zur Höhe des *Chapf,* wo man unvermittelt vor ein imposantes Bergpanorama tritt, das vom Mönch bis zum Ochsen reicht. In der Tiefe das Dorf Röthenbach. Unter alten Bäumen steht die Alphütte, die einst der Mannschaft der Chapfwacht als Obdach diente. Dem sonnseitigen Waldsaum folgen, dann auf rauhem Karrweg steil abwärts und um die Waldecke biegend, nahe den Höfen von Vorderchapf, in das Hangsträsschen, das sich unter dem Wald durch die sonnige Halde senkt. Es bietet ständig eine prächtige Aussicht, bevor es sich horizontal durch den Wald dem Schulhaus Chapf zuwendet. Am Waldausgang auf grasiger Wegspur am Saum abwärts und am untern Waldrand nach links zur Orientierungstafel gegenüber der Käserei *Chapfschwand.* Bis zur Wegspinne Pt. 920 bei Beezleren hinunter steht nur die Asphaltstrasse zur Verfügung. Hier geradeaus, an der Gabelung kurz aufwärts und durch ein Wäldchen zur Höhe Pt. 959,9 *Schwäissberg.* An einem ersten Hof vorbei zum grossen Hof Gätzistil hinunter. Hier rechtwinklig nach links und die Waldecke streifend über das Feldplateau hinaus an die Hangkante, von wo ein sehr steiler Karrweg zum Hof Flue abfällt. Auf der in engen Kehren abfallenden Asphaltstrasse bis oberhalb des nächsten Hofes, dann auf steilem Fussweg in eine Waldschlucht und zur Talstrasse hinunter. Über die schöne Dörflibrücke ins nahe Dorf *Eggiwil* (S. 169).

54 Bowil–Chuderhüsi–Würzbrunnen–Röthenbach

Ziemlich steiler Aufstieg zum prachtvoll gelegenen Chuderhüsi und Abstieg am reizvollen Würzbrunnenkirchlein vorüber ins Tal des Röthenbachs. Teilstücke auf Hartbelag.

Route	Höhe in m	Hinweg	Rückweg
Bowil 🚂	707	–	2 Std. 10 Min.
Meienried	1014	1 Std.	1 Std. 25 Min.
Chuderhüsi	1103	1 Std. 30 Min.	1 Std.
Würzbrunnen	957	1 Std. 50 Min.	30 Min.
Röthenbach 🚂	824	2 Std. 10 Min.	–

Auf dem bei der Station *Bowil* beginnenden Teersträsschen gegenüber der Kirche durch die Talebene und am Friedhof vorüber in den östlichen Dorfteil von Bowil mit seinen alten Bauernhäusern und Speichern. Auf der Chuderhüsistrasse zum nahen Hof Gärbi, dann auf dem steilen Zufahrtssträsschen hinauf nach Hohbüel.
Schöner Rückblick auf die Kirche Bowil und nach Signau hinaus. Zum nahen Wald und geradeaus eintreten. Durch einen Hohlweg weiterhin steil bergan, dann über eine liebliche Lichtung empor zu einer roten Bank am nördlichen Waldrand. Blick zum Waldrücken der Blasenflue hinüber, der das Kirchdorf Signau überragt. Im Wald stetig ansteigend, zeigt sich der Karrweg meist als Hohlweg, zum Teil ist er recht rauh und nass. Angenehmer sind die beidseits getretenen Pfadspuren.
50 m links des obern Waldausgangs lädt ein lauschiger Rastplatz mit Tisch und Bänken ein. Im Osten zeigen sich Pilatus und Fürstein. Auf dem Feldweg zu den stattlichen Höfen von *Meienried* hinauf. Von dort steigt ein Gütersträsschen, meist geteert, parallel zur Fahrstrasse an einigen Höfen vorbei über den sanft geneigten Bergrücken zum Saum des Goucherenwaldes, wo der Blick jenseits der Höhen des Unterremmentales ein langes Stück

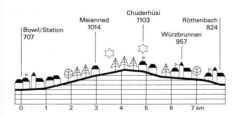

Eine Sehenswürdigkeit ersten Ranges: Die ehemalige Wallfahrtskirche St. Stephan in Würzbrunnen mit reicher spätgotischer und spätbarocker Ausstattung (Routen 51 und 54).

des Jurawalles erfasst. Auf angenehmem Waldweg aufwärts zur Höhe des Waldplateaus (Pt. 1132), dann flach nach links zum südlichen Waldausgang, unmittelbar beim Kurhaus *Chuderhüsi*. Die Voralpengipfel von der Schrattenflue bis zum Gantrisch sind aufgereiht, darüber die Eisriesen des Oberlandes, davor die vielgestaltige Hügelwelt des oberen Emmentales. Auf breiter Asphaltstrasse abwärts, die sich durch den Weiler Rüegsegg auf ein Plateau hinunter windet. Dort geht ein Weg rechts ab, der es erlaubt, die Strasse für einige Minuten zu meiden. Darauf sind es nur noch wenige Minuten bis zu einem Kleinod des Emmentals, dem Kirchlein von *Würzbrunnen* (S. 172). Angesichts der Berge lässt sich auf dem von einer hohen Lärche beschatteten Kirchhof geruhsam rasten, nicht ohne dass man aber das Innere des altehrwürdigen Gotteshauses aufsucht, das eine der beliebtesten Traukirchen ist. Vom benachbarten Bauernhaus auf ebenem Feldweg zum Terrassenrand hinaus und links zum Wald. Auf grasiger Wegspur am Saum einige Schritte abwärts in einen Weg, der sich waldeinwärts wendet. Vom nahen Ausgang steil abwärts und vor der Strasse dicht an einem Gehöft vorüber zu einer geradeaus führenden vergrasten Wegspur. Hoch über der Strasse auf deutlicherem Pfad am Waldsaum durch den steilen Rain bis oberhalb der ersten Häuser von *Röthenbach* (S. 171), dann kurz abwärts in die Dorfstrasse, die man beim Pfarrhaus betritt. Vor der Kirche nach rechts zur Bushaltestelle bei der Post.

Signau, Bowil, Zäziwil 122

55 Bowil–Äbersold–Linden

Aussichtsreicher, etwas steiler Aufstieg zur prachtvollen Aussichtsterrasse Äbersold. Ab Bowil zu Beginn 45 Min. Hartbelag.

Route	Höhe in m	Hinweg	Rückweg
Bowil 🚂	707	–	2 Std.
Fridersmatt	825	45 Min.	1 Std. 20 Min.
Wintersiten	1063	1 Std. 30 Min.	50 Min.
Äbersold	1109	1 Std. 50 Min.	35 Min.
Linden 🚂	916	2 Std. 10 Min.	–

Auf dem bei der *Station Bowil* beginnenden Teersträsschen gegenüber der Kirche durch die Ebene zum Friedhof und zu den alten Bauernhäusern und Speichern im östlichen Dorfteil von *Bowil*. Nach rechts ins Dorfzentrum mit Schulhaus, Gemeindeverwaltung, dem originellen Dorfarchiv und der Käserei. Dem Schulplatz entlang die breite Asphaltstrasse einschlagen, die am Dürrbach durch den Graben der Längenei einwärts führt. Von der weniger steilen Sonnseite grüssen einige breitdachige Höfe. Bei Pt. 781, wo die Strasse sich gabelt, links aufwärts gegen die in einer Grabenausweitung stehende Häusergruppe *Fridersmatt*. Beim ersten Hof kann man den Hartbelag verlassen. Ein Fahrsträsschen schlingt sich rechts ausholend und stetig kräftig ansteigend durch die Steilhalde zu den auf waldumschlossener anmutiger Wiesenterrasse stehenden Höfen von Brüegg. Gemächlicher aufwärts zur Bank am Wald, wo der Blick hinausfliegt nach Signau am Fuss der Blasenflue und ins Herz des Napfberglandes. Am Waldsaum eine Weile weiter, dann rechts über den Bach und auf weichem Grasweg über die baumfreien skigünstigen Hänge von *Wintersiten* bergan in ein Fahrsträsschen, das sich am obern Rand der Lichtung anschickt, die steile Waldflanke des Ringgis horizontal zu queren. (Links vom Waldeingang steht in wundervoller Aussichtslage eine Skihütte, wo der Blick über die Höhen des untern Emmentales und den Bantiger zum Jura hinschweift.) Kurzer Schlussan-

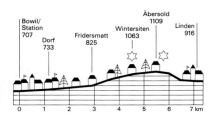

stieg zum Waldausgang dicht vor *Äbersold.* Vorne an der Strassengabel hat man unvermittelt das überwältigende Panorama der Vor- und Hochalpen vor sich. Auf der Strasse 100 m nach rechts, dann auf ebenem Feldweg nach links durch den sanften Rain zum Wald. Am Saum abwärts und durch eine abfallende Hangmulde in den Talhang hinaus, unmittelbar über dem nahen Dorf *Linden* (S. 170).

56 Zäziwil–Linden–Heimenschwand–Schwarzenegg

Abwechslungsreiche Querung des Churzenbergs und des Buchholterbergs, die sonnigen Dörfer Linden und Heimenschwand berührend. Teilstücke auf Hartbelag.

Route	Höhe in m	Hinweg	Rückweg
Zäziwil 🚂	680	–	4 Std. 10 Min.
Zwingherrenhubel	755	30 Min.	3 Std. 45 Min.
Tanzplatz	1061	1 Std. 45 Min.	2 Std. 50 Min.
Äbersold	1109	2 Std. 05 Min.	2 Std. 35 Min.
Linden 🚌	916	2 Std. 25 Min.	2 Std.
Heimenschwand 🚌	1006	3 Std. 15 Min.	1 Std. 20 Min.
Rohrimoosbad 🚌	922	4 Std.	40 Min.
Schwarzenegg 🚌	900	4 Std. 40 Min.	–

Westlich der Station *Zäziwil* (S. 172) über den Bahnübergang und längs der Verkehrsstrasse in die Oberhünigenstrasse. Über die Chise und dem kanalisierten Bärbach entlang durch die Neumatt und an den Häusern von Moosgraben vorüber bis zum Waldeingang. Dort zweigt der steile Waldpfad links ab, auf dem man die Höhe des *Zwingherrenhubels* gewinnt. Es handelt sich um eine undatierbare Wehranlage. Sichtbar Gräben, Wälle und Burghügel ohne Mauerreste. Ein Zwingherr hat hier nie gehaust.

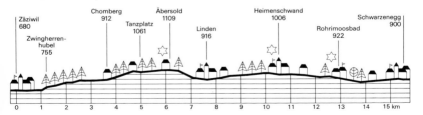

Fast ebenen Weges durch den Siehenwald bis nahe dem östlichen Ausgang, wo mehrere Wege zusammenstossen. Man wählt den nahe dem Waldrand aufsteigenden Weg, der beim Hof Hütten den Wald verlässt. Auf dem Strässchen am Saum und im Wald zur Weggabel Pt. 857, gegenüber den Häusern von Rütenen. Nun auf guter Strasse durch den Hüttenwald aufwärts. Südlich des Leenhubels, wo man den Wald verlässt, anmutiger Ausblick nach Osten. Der Weg senkt sich durch den Wald in einen stillen Wiesenwinkel und steigt darauf gemächlich durch den Feldrain zur Wegspinne Sangboden, 885 m. (Bei Schiessbetrieb ist hier die Umleitung zu beachten). Weitgespannte Sicht über den Raum des Aaretals westwärts und über den Bantiger zum fernen Jura. Auf halblinks ansteigendem Feldweg zu den Höfen von *Chomberg* und auf der Strasse zum Bänklein am Waldeingang, wo links der Strasse ein rauher Fussweg durch eine Hohle ins Oberholz steigt. Die Strasse kreuzend zur Brünnligweghütte, wo sich der teilweise ziemlich verwachsene Pfad fortsetzt. Nochmals wird die Äbersoldstrasse gekreuzt, worauf man zur Waldhütte am *Tanzplatz* gelangt. Auf leicht fallendem Forstweg in bisheriger Richtung zu einer Wegspinne mit Ruhebänken. Hier am Brunnen vorüber geradeaus und an einem Rastplatz mit Feuerstelle vorüber in einen geradeaus ansteigenden Fussweg. Dann auf weichem Waldweg etwas rechts ausholend, zuletzt recht steil, zum Waldausgang. Auf Hartbelag an den nahen Gehöften von *Äbersold* vorbei. Vorne an der Strassengabel (Pt. 1109) hat man unvermittelt das überwältigende Panorama der Vor- und Hochalpen vor sich. Schon 100 m vorher zweigt der Wanderweg rechts ab, der durch den sanften Rain zum Wald hinüberführt. Am Saum abwärts und durch eine abfallende Hangmulde in die Talflanke hinaus, unmittelbar über dem nahen Dorf *Linden* (S. 170). Dort gegenüber der Post auf der Asphaltstrasse dorfauswärts, die über eine Geländeschwelle ins Mösli führt. Ausserhalb der Ortstafel, wo die Strasse zu steigen beginnt, auf dem Hofsträsschen nach Schöntel hinauf. Von den Höfen auf steilem Karrweg zu einer Holzhütte empor und nach 150 m an der Wegspinne rechtwinklig nach links. Der über die Hangwölbung mässig ansteigende Weg mündet oberhalb des Hofes Feistermoos in die von Linden aufsteigende Strasse. Diese Naturstrasse steigt im nahen Chrüzholz gemächlich zur Gabelung Pt. 1042. Hier wendet man sich halbrechts zum nahen südlichen Waldausgang, wo man sich überraschend der Gipfelreihe von der Blüemlisalp bis zum Stockhorn gegenübersieht (Ruhebank). Geradeaus zum nächsten Haus und durch den steilen Hohlweg hinunter zum «Bären» an der Dorfstrasse von *Heimenschwand* (S. 169). An Post und Kirche vorüber auswärts. Links beachtenswert der hübsche Heimatstilbau des Gemeindearchivs. Ausserhalb der schmucken Käserei auf dem rechts abzweigenden Teersträsschen zur Häusergruppe Büelgass hinaus und in gleicher Richtung oberhalb der Höfe von Bannholz durch den Wiesenrain. Schöner Blick zu den Bergen des Kander- und Simmentales. Auf dem nächsten Quersträsschen (geteert) am Hof Stockere vorüber durch die Senke des Rohr in die Verkehrsstrasse hinüber und auf dieser waldaufwärts zu den Höfen von Heimenegg. Links ausholend hinunter zum *Rohrimoosbad*. Nebenan eine Ferienhaussiedlung. Die Strasse fällt durch den Wald zur Rotache und steigt darauf leicht an zur Hofgruppe Brüggetligraben. Auf geteertem Gütersträsschen kurz aufwärts, bis ein Grasweg rechts abzweigt, der zwei Heimwesen streift, den Hang der Allmit südwärts durchquert und in ein Teersträsschen mündet, das gemächlich zur Kirche von *Schwarzenegg* steigt, die bildschön vor dem Sigriswilergrat steht. Neben diesem die Zackenkrone des Gspaltenhorns. Hinunter zur nahen Post.

57 Zäziwil–Niederhünigen–Oberdiessbach

Mühelose Wanderung auf der Schwelle des Churzenbergs mit schönen Ausblicken. Kurze Teilstücke auf Hartbelag.

Route	Höhe in m	Hinweg	Rückweg
Zäziwil 🚂	680	–	2 Std. 35 Min.
Appeberg/Ferienzentrum	800	35 Min.	2 Std. 05 Min.
Oberhünigen	797	45 Min.	1 Std. 55 Min.
Niederhünigen	699	1 Std. 15 Min.	1 Std. 20 Min.
Oberhalb Freimettigen	720	1 Std. 35 Min.	1 Std.
Oberdiessbach 🚂 🚌	605	2 Std. 30 Min.	–

Westlich der Station *Zäziwil* (S. 172) über den Bahnübergang und längs der Verkehrsstrasse an der Sägerei vorüber in die Oberhünigenstrasse. Über die Chise und dem kanalisierten Bärbach entlang durch die Neumatt, bis ein zu

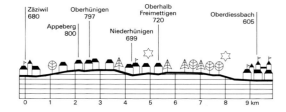

Frühlingslandschaft bei Heimenschwand (Routen 50, 65 und 66).

Beginn betoniertes Strässchen rechts abzweigt, das sich hangaufwärts windet und im Wald stark ansteigt, um darauf teilweise geteert hoch über der Fahrstrasse über Loch und Bienz zum Ferien- und Kulturzentrum *Appeberg* aufzusteigen. Oberhalb der Häusergruppe auf Hartbelag zu Pt. 791 bei den Appeberghöfen und nach links in die Lochmatt, den untern Dorfteil von *Oberhünigen*. Dort bei der Schmiede die Strasse nach rechts einschlagen. Nach 5 Min. geht dicht vor dem Hof Grunder ein durch die Mulde zu den Höfen von Schwändlen führender Feldweg ab. Auf dem Strässchen durch das Waldtälchen hinunter zum Dorfeingang von *Niederhünigen*. Rechts an der Sägerei vorüber auf der Asphaltstrasse aufwärts zum nahen Hof Margel. Dicht am Hof vorüber steigt ein Grasweg zur freien Anhöhe Pt. 749, von wo der Blick über das von Belpberg und Gurten überragte Aaretal bis zum Jura hinaus geht (Ruhebank). Auf dem Hügelkamm weiter und hinunter in die vom nahen Dorf *Freimettigen* durch den bewaldeten Graben aufsteigende Asphaltstrasse und auf dieser aufwärts. Prächtiger Blick zur Stockhornkette. Vor der scharfen Linksbiegung zweigt der Buechholzweg rechts ab, ein ebener Feldweg, der oberhalb des Hofes Untermatt in den Wald eintritt. Dort, wo der Weg nach einigen Minuten kurz dem Waldrand folgt, weiter Ausblick in den Raum von Bern. Nach längerer bequemer Waldwanderung hat man am hohen Waldsaum das Kirchdorf Oberdiessbach zu Füssen, eindrücklich überragt von der Stockhornkette. Bei einer hohen Eiche verlässt man den Waldrand und steigt zur grossen Gärtnerei hinunter. Ein steiles Teersträsschen fällt über das Haslifeld am Friedhof vorbei zum Talboden. Auf der Freimettigenstrasse dorfeinwärts zur schmucken Kirche, nahe der Station. Über *Oberdiessbach* Seite 171.

58 Biglen oder Grosshöchstetten– Moosegg–Emmenmatt

Lohnende Höhenwanderung zur aussichtsreichen Moosegg. Ab Biglen zu Beginn 45 Min. Hartbelag. Kurzer schöner Abstieg.

Route	Höhe in m	Hinweg	Rückweg
Biglen 🚂 🚌	738	–	3 Std. 20 Min.
Vorder Gfell	879	40 Min.	2 Std. 50 Min.
Chrutberg	956	1 Std.	2 Std. 35 Min.
Blasen	974	1 Std. 35 Min.	2 Std.
Moosegg/Waldhäusern 🚌	967	2 Std. 20 Min.	1 Std. 15 Min.
Gemi	849	2 Std. 45 Min.	40 Min.
Emmenmatt 🚂	650	3 Std. 15 Min.	–

Von der Station *Biglen* (S. 169) dorfeinwärts zur nahen Kreuzung, dann längs der Thunstrasse nach rechts aufwärts in die oberhalb der Bigla abzweigende Rothackerstrasse, die sich über die Feldterrasse nach Rot hinanwindet. (Bis hierher Hartbelag). Zwischen den Höfen durch und links ausholend in das Gütersträsschen, das sich an den Höfen von Rotegg vorüber, zuletzt recht steil, zum breitdachigen Hof *Vorder Gfell* hinanschlängelt. Nun auf Hartbelag nach rechts nach Gfell und durch die Hofgruppe aufwärts und links ausholend durch den Rain zum Wald empor. Am Saum zur Waldecke am *Chrutberg,* 956 m. Prächtiger Ausblick zu den Bergen. Auf eisiger Strasse waldeinwärts. Kurz am nördlichen Saum mit Ausblick nach Norden, dann wieder im Wald zum Waldwinkel oberhalb der Gehöfte von Chrutberg, wo vor dem Ausblick über das Oberthal und den Churzenberg zu den Bergen eine Ruhebank einlädt.

Durch den Chapfwald weiter, später am Saum, dann auf Hartbelag über die freie Egg zur Hofgruppe *Blasen.* Vom Scheitelpunkt der Strasse Arni–Ober-

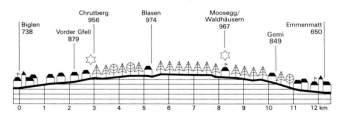

Alte Holzbrücke über die Emme bei Schüpbach. Spannweite 54 m.

thal (Pt. 974) auf steilem Strässchen hinauf zum Blasenhorn (zur Blasenflue 20 Min.). Nun mit weitem Blick nach Norden flach dem Saum des Blasenwaldes entlang, bis die solide Forststrasse den Waldhang der Blasenflue durchquert, um sich schliesslich steil zur Mooseggstrasse zu senken. Auf dieser zum nahen Gasthof *Waldhäusern* am Südrand der *Moosegg.* Östlich des Gasthauses dem sonnseitigen Waldsaum entlang, wo vor dem prachtvollen Panorama Ruhebänke einladen. Am nächsten Wäldchen abwärts und ebenwegs zur Wegspinne auf der Egguriedegg. Am schattseitigen Waldrand kurz geradeaus, dann am Wald steil bergab. Über eine herrlich freie Egg, dann im Wald bis zur Gabelung. Hier leicht ansteigend über die Waldkuppe hinweg, dann auf weichem Wiesenpfad an den nächsten Saum hinüber und diesem über die Rasenkuppe (Ruhebank) hinweg folgen. Herrlicher Ausblick ins Emmental und ins Lüderen-Napf-Gebiet. Über die Waldrippe hinunter nach *Gemi.* Dort auf Wiesenpfad geradeaus zu den Bänken auf der Egg, wo man das Bergpanorama zwischen Pilatus und Stockhorn vor sich hat. Einmal am Saum, dann wieder im Wald, senkt sich der steiler und rauher werdende Wanderweg über die Blasenegg zum Waldausgang oberhalb Blasen. Auf Grasweg zu den schönen Höfen hinunter und auf dem Zufahrtsträsschen, teilweise auf Hartbelag, in den Talboden. Um den Gasthof herum zur Station *Emmenmatt.*

Von der Station *Grosshöchstetten* (S. 169) an der Post vorüber ins Dorfzentrum. Dort vor dem «Sternen» durch die Kramgasse in die Kirchgasse. Dicht neben der Kirche beginnt mit Stufen der Fussweg, der durch das Hangquartier und anschliessend durch den steilen Wiesenrain zur Hofgruppe Möschberg steigt. Zwischen den Höfen weiter bergan und auf heckengesäumten Strässchen zur Höhe von Wacht. Von der nahen Waldecke schwach ansteigend waldeinwärts und kurz vor dem östlichen Ausgang steiler bergan, dann nach rechts zum sogenannten Bauplatz, einem wunderschönen Rastplatz am südlichen Rand des Schönenwasenwaldes. Über den walddunklen

Höhen des Churzenbergs und des oberen Emmentals spannt sich das Bergpanorama vom Pilatus bis zur Chaiseregg. Schöner Blick ins Tal der Chise mit Konolfingen. Jeder Schritt ein Genuss auf weicher Wegspur am Waldsaum zum Hof Büel hinüber. In der Tiefe das Kirchdorf Zäziwil. Nun auf dem Höhensträsschen über die wellige Wasserscheide zum Wegweiser *Chrutberg,* an der Ecke des Chapfwaldes, wo die Route von Biglen einmündet. Auf dieser weiter zur *Moosegg.*

59 Walkringen–Moosegg–Signau

Steiler Aufstieg nach Nünhaupt, dann mühelose lange Waldwanderung zum Aussichtsbalkon der Moosegg. Wenig Hartbelag.

Route	Höhe in m	Hinweg	Rückweg
Walkringen 🚂	691	–	3 Std. 40 Min.
Nünhaupt	970	50 Min.	3 Std. 05 Min.
Tanne 🚌	901	1 Std.	2 Std. 50 Min.
Fischerhubel	1000	2 Std.	2 Std.
Moosegg/Waldhäusern 🚌	967	2 Std. 20 Min.	1 Std. 30 Min.
Nidermattgraben	707	3 Std.	40 Min.
Signau 🚂 🚌	683	3 Std. 25 Min.	–

Von der Station *Walkringen* (S.172) dorfwärts, bei der Post über die Talstrasse und durch das Hangquartier aufwärts. Vom letzten Haus auf grasigem Fussweg steil bergan und schräg nach rechts in die Strasse hinauf. Schöner Blick auf das am Fuss des Steilhangs der Mänziwilegg um seine schmucke Kirche gescharte Dorf. Die geteerte Strasse windet sich zu den Höfen von Golpisberg hinan und setzt sich dort als geradlinig aufsteigender Fahrweg fort. Vom nächsten Hof auf grasiger Wegspur dem Zaun entlang zum obersten Gehöft und auf das Plateau von *Nünhaupt* hinauf. Der eigen-

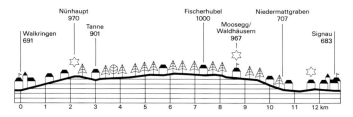

artige Name erinnert wohl daran, dass die dortigen Wiesen und Weiden für neun Stück Grossvieh das Futter hergaben. Weiter Blick nach Westen über Ulmizberg und Bantiger zum Jura und ostwärts über das Napfbergland zu den Innerschweizer Bergen.
Auf dem Strässchen am Hof vorüber zum nahen Waldeingang, wo ein Waldweg rechts abwärts führt. Vom untern Waldrand auf Hartbelag hinunter zur Häusergruppe *Tanne* (Pt. 901) am Scheitelpunkt der Strasse vom Goldbachtal nach Biglen (Postautohaltestelle). Auf der Mooseggstrasse kurz aufwärts und an der ersten Gabelung im Wald nach rechts. Kaum merklich steigend zieht sich die feste Strasse durch den riesigen Wald des Geissrüggens ostwärts. Am Waldrand bei Gugersberg öffnet sich ein wundervoller Ausblick über das Tal von Arni und den Churzenberg zu den Bergen. Links des Weges schweift der Blick vom obern Rand der Lichtung von Spränzel über die Höhen des untern Emmentals zum Jura.
Aus der nächsten Wegspinne steigt die Waldstrasse zur Höhe der schmalen Rippe des Ätzlischwandwaldes, um darauf zur Hinteregg abzufallen, wo sie sich kurz an den südlichen Waldsaum legt. Den Horizont säumt die Stockhorn-Gantrisch-Kette. Weiter zur nahen Postautohaltestelle Hinteregg an der Strasse Biglen-Moosegg. Diese kreuzen und durch den Wald zum Haus *Fischerhubel,* wo ein idyllisches Wildgehege erfreut. Hinauf zum Eingang des Blasenwaldes und nach links eintreten. In müheloser Wanderung ostwärts und zuletzt recht steil an die Mooseggstrasse hinunter (Pt. 976). Auf dieser zum nahen Gasthaus *Waldhäusern,* in wunderschöner Aussichtslage am Südrand der *Moosegg.*
Östlich des Gasthauses dem sonnigen Waldsaum entlang, wo vor dem prachtvollen Panorama Ruhebänke einladen. Am nächsten Wäldchen kurz abwärts und ebenwegs zur Wegspinne auf der Egguriedegg (Pt. 940). Am schattseitigen Waldrand kurz geradeaus, dann am Wald steil bergab. Über eine herrlich freie Egg, dann im Wald bis zur Gabelung. Nun in Kehren auf steilem, aber gutem Fahrweg durch die teils bewaldete, teils offene Grabenflanke an den Gehöften von Berg vorüber zu Pt. 707 im *Nidermattgraben* hinunter. Auf dem Grabensträsschen bachabwärts. Über dem Grabenausgang thronen Schibegütsch und Hohgant.
Bei den Höfen von Nidermatt betritt man den breiten Talboden der Emme. 200 m vor dem Bahnübergang auf Feldweg nach rechts einem kanalisierten Bächlein entlang leicht aufwärts zum grossen Hof Gassen. Dort auf dem Strässchen weiter bachaufwärts zur Brücke, dann nach links zum Hof Sängeli. Am hübschen Speicher vorüber und durch eine Obstbaumallee zum Dorfrand von *Signau* (S. 171). Links abwärts am Schulhaus vorüber zur Hauptstrasse und dorfeinwärts. Rechts der Gedenkstein für Chr. Widmer, den Dichter des Emmentalerliedes. Bei der Post abwärts zur nahen Station.

60 Walkringen– Mänziwilegg–Krauchtal

Kurzer, steiler Aufstieg zur aussichtsreichen Mänziwilegg, dann Wanderung an vielen schönen Bauernhöfen vorbei und durch stille Wälder. Einige Teilstücke auf Hartbelag.

Route	Höhe in m	Hinweg	Rückweg
Walkringen 🚆	691	–	3 Std. 20 Min.
Mänziwilegg	907	45 Min.	2 Std. 45 Min.
Littiwil	821	1 Std. 10 Min.	2 Std. 20 Min.
Birchi	813	1 Std. 20 Min.	2 Std. 10 Min.
Äbnit/Chlosterweg	853	2 Std. 10 Min.	1 Std. 20 Min.
Murerhüsli	790	2 Std. 40 Min.	45 Min.
Krauchthal 🚌	582	3 Std. 10 Min.	–

Von der Station *Walkringen* (S. 172) über den nördlichen Bahnübergang, bei den Schulhäusern über den kanalisierten Biglenbach, dann rechts nach Zil. Dicht hinter den Bauernhäusern auf rauhem Karrweg zur langen Treppe, über welche man am bewaldeten Bachtobel rasch an Höhe gewinnt. Vom Tobelende auf weichem Wiesenpfad nach links zu einem Wohnhaus, wobei sich ein eindrückliches Bergpanorama entfaltet. Das aufsteigende Teersträsschen verlassend auf steilem Fussweg durch den nächsten Waldzipfel bergan. Am obern Saum flach nach links in den Waldwinkel, dann am Buchensaum aufwärts und halbrechts ins Wartholz, in welchem Findlinge des Aaregletschers ruhen. Auf holprigem Hohlweg oder angenehmer auf seitlichen Pfadspuren sehr steil in eine solide Waldstrasse empor. Auf dieser nach rechts und an der Gabelung links durch die Hohle hinauf zum oberen Waldausgang. Nun dem Silbertannenwäldchen entlang nach rechts leicht abwärts und durch die Mulde des Mösli zum Gasthaus *Mänziwilegg* hinüber (nach Worb 🚆 🚌 1 Std. 10 Min., nach Oberburg 🚆 3 Std.). Hinter dem Gasthaus auf der Asphaltstrasse abwärts mit weitem Ausblick in den Raum

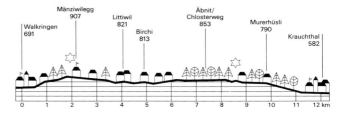

Das Gebiet des Ballenbüels ist reich an weitgespannten Ausblicken über das Aaretal zur Stockhorn-Gantrisch-Kette (Routen 68 und 75).

von Bern und zum langen Jurawall. Die Strasse quert die schönen Hofgruppen Widiboden und Arni, schlüpft zwischen den Wäldern durch und senkt sich nach *Littiwil* (nach Vechigen 🚂 50 Min., nach Bigenthal 🚂 1 Std.). Durch das stille Bauerndörfchen nach rechts ansteigend zur Wegkreuzung bei den schönen Wohnsitzen am nördlichen Dorfrand (Pt. 821), dann auf weichem Feldweg nach links zu den Höfen von Sänggi hinunter, die man auf undeutlicher Wegspur durch die Hofstatt erreicht. Auf dem Hofsträsschen zu der von Utzigen aufsteigenden Fahrstrasse, diese kreuzen und auf weichem Grasweg zur Hofgruppe *Birchi* hinüber (nach Boll-Utzigen 🚂 1 Std.). Bei der grossen Linde Route 78 kreuzend auf dem Teersträsschen geradeaus, das sich zu den Häusern von Bächi senkt, die sich in dem engen Moränentälchen verstecken, durch das man zur Strasse Utzigen–Luterbachtal aufsteigt. Auf dieser 50 m nach links, dann steil zum Hof Maiacher hinauf. Ein geteeter Fahrweg schlingt sich nach rechts durch den Hang bergan. Drunten im Talboden der Weiler Luterbach. Der kurze Abstecher aus dem Sattel oberhalb des Hofes Spittelmatt zur nahen Gumihöchi lohnt sich wegen des prächtigen Alpenpanoramas und des weiten Ausblicks nach Westen. Vom Sattel nach rechts zum Utzigenwull (Wull = Wald), der den Wanderweg nun für geraume Zeit aufnimmt. Die Markierung leitet zuverlässig zum alten *Chlosterweg* im *Äbnitwald,* wo man unweit einer einladenden Waldhütte Route 73 erreicht, der man über Hinterboden–*Murerhüsli* bis *Krauchthal* folgt.

61 Konolfingen–Häutligen–Wichtrach

Über den aussichtsreichen Locheberg ins Aaretal. Überwiegend auf Hartbelag.

Route	Höhe in m	Hinweg	Rückweg
Konolfingen 🚂	663	–	2 Std. 15 Min.
Stalden	657	20 Min.	2 Std.
Rüteli	816	1 Std.	1 Std. 30 Min.
Häutligen	762	1 Std. 10 Min.	1 Std. 15 Min.
Guethöchi	787	1 Std. 20 Min.	1 Std. 10 Min.
Oberwichtrach/Pfarrhaus	545	2 Std.	15 Min.
Wichtrach 🚂	530	2 Std. 15 Min.	–

Über *Konolfingen* S. 170. Vom Bahnhofplatz oder direkt vom Perron in die Bahnunterführung und darauf durch die originell bemalte Strassenunterführung zum nahen Kreuzplatz. Hier geradeaus in den Kirchweg, der zur schmucken reformierten Kirche führt. Über den Einschnitt der EBT und von der Friedhofecke zum Sekundarschulhaus, umgeben von schönen Bäumen und geschmückt mit Sonnenuhr. Durch die Hübelistrasse an der Turnhalle vorüber in den alten Dorfteil von *Stalden*. Beim Löschmagazin nach rechts und auf dem geteerten Lochebergweg schräg durch den Rain an den Gehöften am Hubel vorbei in den Lochebergwald. Am Ende des Hartbelags auf bequemem Waldweg nach rechts und nach 10 Min. auf holprigem Karrweg steil bergan. Oben etwas rechts ausholend zum südlichen Waldausgang, wo sich ein grossartiges Bergpanorama darbietet. Ein Feldweg quert die Hochebene des *Rüteli* zu Pt. 816,2, wo neben einer mächtigen Eiche, hoch über Häutligen, angesichts des packenden Ausblicks ins Aaretal eine Bank einlädt. Im Linksbogen gegen den Schiessstand hinunter und auf Asphalt in das in die Obstbäume gebettete Dorf *Häutligen* (nach Münsingen 🚂 1 Std. 10 Min.) hinab. Bei der Käserei links und am wappengeschmückten Schul-

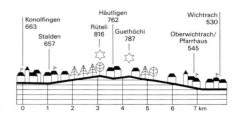

haus vorüber dorfauswärts. Ein Teersträsschen steigt sachte durch den Rain zur *Guethöchi,* wo wiederum das Aaretal bis nach Bern hinunter zu Füssen liegt. Für den Abstieg hat man sich mit Hartbelag abzufinden. Von der Gabelung senkt sich die Strasse an den Höfen von Guet vorüber in den Wiftrechwald und vom Waldausgang über Oberwil zur Gabelung Pt. 621, vor der eine mächtige Eiche auffällt. Der Blick zu den Voralpen und das Bild der blumenstrotzenden, behäbigen Höfe stimmen einigermassen versöhnlich. Geradeaus zum Hof Grossmatt hinab, bei dem ein weicher Grasweg über die Feldterrasse abzweigt. Auf gutem Fussweg am Terrassenrand zum nächsten Wohnhaus und über Stufen über den Rain des Lerchenbergs hinunter. Nahe dem schmucken Pfarrhaus erreicht man in *Oberwichtrach* den Talboden. Nach links zu dem zum Sekundarschulhaus führenden Fussweg und an Post und Gemeindeverwaltung (Wappen) vorüber zur verkehrsreichen Bernstrasse. Rechts ein schmucker Speicher. Durch die Bahnhofstrasse zur Station *Wichtrach.*

62 Oberdiessbach–Äbersold–Chuderhüsi–Eggiwil

Sehr schöne Höhenwanderung mit prächtigen Aussichtspunkten. Teilstücke auf Hartbelag.

Route	Höhe in m	Hinweg	Rückweg
Oberdiessbach 🚂	605	–	5 Std. 10 Min.
Güggel	1027	1 Std. 20 Min.	4 Std. 10 Min.
Äbersold	1109	2 Std. 10 Min.	3 Std. 25 Min.
Chuderhüsi	1103	3 Std. 15 Min.	2 Std. 25 Min.
Chapfschwand	950	4 Std. 30 Min.	1 Std.
Schwäissberg	940	4 Std. 50 Min.	45 Min.
Eggiwil 🚌	739	5 Std. 20 Min.	–

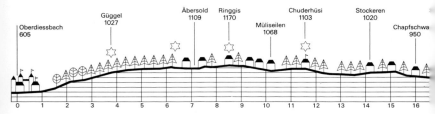

Von der Station *Oberdiessbach* (S. 171) zur Kirche und durch die Freimettigenstrasse zum Friedhof hinaus. Dort zur Gärtnerei hinauf und auf Feldweg schräg links zum Wald empor. Schöner Rückblick über das Dorf zur Stockhorn-Gantrisch-Kette. Nun direkt waldaufwärts in eine Waldstrasse, von welcher nach 100 m der steile «Alte Laasweg» abzweigt. An seiner Gabelung nach rechts wieder in eine Waldstrasse, die bei Pt. 861 in die von Oberdiessbach aufsteigende Naturstrasse mündet. Auf dieser über Flueboden zum lauschigen Waldwinkel beim *Güggel* hinauf. Prachtvoller Ausblick nach Süden. (Ruhebänke, nach Konolfingen 🚂 1 Std.10 Min.) Hier beginnt nun eine mühelose Höhenwanderung auf dem Waldrücken des Barschwandhubels. Bei Pt. 1115 tritt der Weg ins Freie, wo vor dem prächtigen Ausblick Ruhebänke einladen. Auf weichem Grasweg durch die Flanke des Chnubels, bei Pt. 1128 links abwärts und auf dem Teersträsschen an den vordern Gehöften von *Äbersold* vorüber. (Nach Linden 🚍 20 Min., nach Zäziwil 🚂 1 Std. 35 Min., nach Bowil 🚂 1 Std. 25 Min.) Von der zweiten Häusergruppe windet sich ein Betonsträsschen zum Waldrand empor, wo vor dem grossartigen Ausblick nach Süden und Westen Bänke stehen. Von hier bis Ringgis stehen ein Schattenweg über den Waldgrat und ein sonnseitiger Weg am Gehöft Äbersoldweid vorbei durch die Südflanke zur Wahl. Auch vom Berghof *Ringgis* weg, der mit prächtiger Sicht nach Nord und Süd in einem Bergsattel steht, bestehen diese beiden Varianten, wobei der Schattenweg ebenfalls schöne Ausblicke vermittelt. Der Sonnenweg, ein schmales Strässchen, berührt die Höfe von Egg und senkt sich, zuletzt betoniert, in den Weiler *Müliseilen.* Hier auf leicht ansteigendem Strässchen in den Goucherenwald, wo bald ein Fussweg links abzweigt, der angesichts eines herrlichen Landschaftsbildes bequem zum Kurhaus *Chuderhüsi* führt. Umrahmt von Schratten, Schibegütsch und Hohgant steht das Würzbrunner Kirchlein im Mittelpunkt des Ausblicks. (Nach Signau 🚂🚍 1 Std. 40 Min., Röthenbach 🚍 40 Min.) Unterhalb des Kurhauses links durch den Wald, dann auf Grasweg am Saum abwärts. Später auf einem Betonsträsschen zu Pt. 996 am gegenüberliegenden Waldrand hinab. Dort auf ebener Asphaltstrasse durch den Wald zur weiten Lichtung von Heimerüti. Nach dem Linksrank auf einem Feldweg zum nächsten Wald hinüber, dem ein Teersträsschen folgt. Dieses durchquert den Wald und läuft, einen schönen Ausblick zur Blasenflue hinüber bietend, der Talmulde von Schüpbach entlang und steigt im Wald nach *Stockeren.* Zwischen den Gebäuden durch nach rechts auf einen Feldweg, der im Wald in eine ebene Strasse mündet, die mit schönem Tiefblick auf das Kirchdorf Röthenbach an den Höfen von Vorderchapf vorüberführt. Kurz nach dem zweiten Hof kommt die Route 53 vom Chapf herunter, auf welcher man über Chapf/Schulhaus – *Chapfschwand–Schwäissberg* nach *Eggiwil* (S. 169) wandert.

63 Oberdiessbach– Heimenschwand–Oberei– Schangnau

Steilaufstieg zum Aussichtspunkt Falkenflue, beglückende Höhenwanderung über die Äschlenalp ins sonnige Heimenschwand, Querung des Reservats Wachseldornmoos, Überschreitung des Schallenbergs zur Emmeschlucht des Räblochs. Mehrere Teilstücke auf Hartbelag.

Route	Höhe in m	Hinweg	Rückweg
Oberdiessbach	605	–	6 Std. 30 Min.
Falkenflue	1021	1 Std. 15 Min.	5 Std. 40 Min.
Äschlenalp	1140	1 Std. 50 Min.	5 Std. 15 Min.
Heimenschwand	1006	2 Std. 40 Min.	4 Std. 15 Min.
Wachseldornmoos	991	3 Std. 15 Min.	3 Std. 40 Min.
Süderen-Oberei	905	4 Std.	2 Std. 50 Min.
Schallenberg	1167	5 Std.	2 Std.
Räbloch	863	5 Std. 50 Min.	50 Min.
Schangnau	930	6 Std. 50 Min.	–

Oberhalb der Station *Oberdiessbach* (S. 171) die Burgdorfstrasse kreuzend in die Schlossstrasse und dem Diessbach entlang aufwärts. Angesichts des nahen Alt-Schlosses nach rechts und zwischen Spital und Altersheim dorfauswärts. Längs der Lindenstrasse am Landsitz Diessenhof vorüber aufwärts und auf steilem Teersträsschen die Strassenschlaufe abschneidend zu den Bänklein am Waldeingang hinauf. Rückblick auf das Dorf und durch den Schlupf hinaus nach Konolfingen. Steil aufwärts zum obern Waldrand, die Bleikenstrasse kreuzen und auf der geteerten Zufahrt zu den Höfen *Unterhus* hinauf. Nun auf grasigem Karrweg durch die zwischen Waldgraten steil ansteigende Unterhusweid bergan. Auf der Waldrippe links befindet sich die schwer zugängliche Burgstelle Diessenberg. Von der Bank am obern Ende der Weide fliegt der Blick über den Raum des Aaretales zum

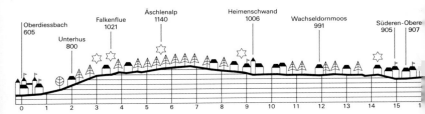

fernen Chasseral. Nun nach rechts in den Wald und rechts ausholend zum Hof Schwand hinauf. Nun ebenwegs zur Deltastartrampe am Rand der *Falkenflue* hinüber, wo sich ein packender Tiefblick bietet. An den Gebäuden vorüber zum südlichen Plateaurand, wo man mit einem Schlag die Bergwelt des Oberlandes vor sich hat und ein Stück des Thunersees überschaut. Auf Fahrweg aufwärts zum Waldeingang, links ausholend zur Höhe und durch den Wald zum herrlich gelegenen Hof Barichti. Innerhalb des nahen Waldeingangs steil bergan und auf dem Waldrücken mühelos ostwärts. Kurz abwärts zum Rand einer Lichtung. Hier nach links und im Nordhang des Sattelwaldes weiter, dann zum südlichen Waldsaum hinauf, wo sich wiederum das prachtvolle Bild der Berge darbietet. Nach erneutem Zwischenanstieg im Wald öffnet sich der Ausblick ins breite Tal von Linden. Einer Reihe knorriger Tannen entlang oberhalb der Hütten der *Äschlenalp* in den Schafeggwald, den man mit kleinen Zwischensteigungen innerhalb des Nordsaumes begeht. Zuletzt abwärts zum Waldausgang beim Skilift von Heimenschwand. Mit herrlichem Bergblick, der zwischen Schibegütsch und Hohgant nun auch den Titlis umfasst, zum Skistübli hinunter. Am sonnenseitigen Waldsaum abwärts zu einem Stall, dann auf Fahrweg an bescheidenen Bergheimetli vorüber durch den Rain und am Wald dahin. Die Berge bilden den Rahmen zu der mit unzähligen Gehöften übersäten flachwelligen Hügellandschaft des Buchholterbergs. Unten zeigt sich die Kirche von Heimenschwand. Auf geteerter Strasse durch den Wald und den Hang von Farnern abwärts. Genau oberhalb der Kirche nach rechts und durch den Hohlweg nach *Heimenschwand* (S. 169) hinunter, das man beim «Bären» erreicht. An der Post und der Kirche vorüber durch das Dorf, links der schmucke Bau des Gemeindearchivs. An der Gabelung ausserhalb der Käserei auf breiter Asphaltstrasse nach rechts und nach 30 m links zum Parkplatz. Diesen überqueren und rechts durch die Ebene nördlich der Häusergruppe Bätterich. Auf der Asphaltstrasse nach links in den Wald. An der Gabelung am Ausgang nach rechts und auf angenehmer Strasse wieder durch den Wald. Aus der Lichtung gegenüber den Armeegebäuden nach rechts ins *Wachseldornmoos*. Ein schnurgerades Strässchen durchquert das

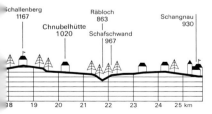

nordisch anmutende Naturschutzgebiet. Ersteres mündet im nächsten Wald in ein Teersträsschen, das zur Hofgruppe Hof fällt (Bus-Haltestelle an der Strasse nach Oberei). Auf diesem nach links in den nächsten Wald. An der Rechtskurve auf der Waldstrasse nach links, die beim Schulhaus Im Schnabel in ein Teersträsschen mündet, welches eine Mulde quert und zum weitgedehnten Süderenhubel steigt. Schöner Blick zu den Bergen des Kander- und des Diemtigtales und zum Stockhorn. An den Gabelungen auf dem welligen Plateau zweimal nach links, dann wieder nach rechts abwärts zu einem Hof am Südhang. Hier auf grasigem Fussweg steil nach Süderen hinab. Vom «Bären» längs der Verkehrsstrasse an der nahen Bushaltestelle *Süderen-Oberei* vorbei zur Häusergruppe Oberei. Gegenüber dem «Löwen» zweigt dort ein Weg ab, der zwischen den Bretterstapeln und im Schatten mächtiger Bäume dem Rötenbach folgt und bald in die Schallenbergstrasse mündet, die man, den Bach überquerend, 300 m weit zu benützen hat, bis zum links abzweigenden Teersträsschen. Bei der Sägerei über den Rambach (150 m bachaufwärts steht der 50-Jahr-Jubiläumssteg der Berner Wanderwege), rechts um das nahe Bauernhaus herum und auf schmalem Wiesenpfad zum prächtigen Nachbarhaus im Gämpel. Durch die Wiesen geradeaus zur grossen Remise am Waldbach. Den Steg überschreiten und anfänglich auf Hartbelag über den steilen Hang der Waldmatt in die Schallenbergstrasse hinauf. Diese kreuzen und auf weichem Graswag dem Hag entlang geradeaus. Über die Weide hinauf zu dem von einem prächtigen Linden- und Ahornhain beschatteten alten Käsespeicher und zum Gehöft Ufem Schallberg. Auf der Strasse in die nahe Kurve, wo ein Fussweg beginnt, der parallel zur Strasse schräg durch den Hang zum Schineggwald steigt. Blick zu dem in seiner Kompaktheit beeindruckenden Waldhang der Honegg. Im Wald über Stege und Stufen, einem Bächlein folgend, zur Passhöhe des *Schallenbergs* hinauf (Restaurant, Orientierungstafel). Für den Abstieg ins Tal der Emme hat man nun während 15 Min. mit aller Vorsicht die Strasse zu benützen. Am scharfen Linksrank bei Pt. 1090 verlässt man sie, um im Huuriwald auf weichem Fussweg über eine steile Rippe zu einem Bachgraben abzusteigen. Diesen queren, am Waldsaum weglos abwärts, dann nach rechts zu einem Weidegatter. Auf grasiger Wegspur nach rechts durch die Wiesen auf die nächste Hangkuppe, wo ein Karrweg beginnt, der an einem Brunnen vorüber zum Hof *Chnubelhütte* führt. 50 m vor diesem dem Weidhag folgend auf verwachsener Wegspur schräg nach rechts rainabwärts. Bachgraben und Waldstreifen queren und weglos dem Waldsaum und dem Hag folgen bis gegenüber dem Hof Vorder Steinmösli eine Wegspur spitzwinklig durch die Wiesen zur Strasse abzweigt. Diese kreuzen in einen Fahrweg, der das Naturreservat Steinmösli streift und im Wald in einen Fussweg übergeht, welcher durch den sehr steilen Waldhang ins *Räbloch* fällt. Über die Naturbrücke und im Gegenhang durch Wald und Weiden ebenso steil bergan. Oben nach rechts, dem Fuss einer Nagelfluhwand folgen und wieder durch Wald zum schönen gedeckten Rastplatz mit Brünnlein und Feuerstelle auf *Schafschwand.* Weiterweg über Scheidbach ins nahe *Schangnau* (S.171) wie Route 52.

64 Oberdiessbach–Brenzikofen–Steffisburg

Sehr schöne abwechslungsreiche Wanderung von der Chise in den Raum von Thun mit vielen Ausblicken zu den Bergen. Wenig Asphalt.

Route	Höhe in m	Hinweg	Rückweg
Oberdiessbach 🚂 🚌	605	–	3 Std.
Brenzikofen	600	50 Min.	2 Std. 10 Min.
Boden (Rotache)	592	1 Std. 05 Min.	1 Std. 55 Min.
Ober Riederen	769	1 Std. 50 Min.	1 Std. 20 Min.
Hartlisberg	740	2 Std. 10 Min.	1 Std.
Steffisburg STI 🚌	586	2 Std. 30 Min.	30 Min.
Steffisburg EBT 🚂	563	3 Std.	–

Oberhalb der Station *Oberdiessbach* (S.171) die Burgdorfstrasse kreuzend in die Schlossstrasse und dem Diessbach entlang aufwärts. Angesichts des nahen Alt-Schlosses nach rechts und zwischen Spital und dem modernen Altersheim dorfauswärts. Das «Alte Schloss», von dem noch Kornhaus, Gefängnisturm, Stallungen und Wohnungen vorhanden sind, trägt die Jahreszahl 1546. Erbauer waren die Herren von Diesbach, die von 1427–1647 die Herrschaft ausübten. Über dem hintern Tor Allianzwappen Diesbach-Erlach mit Inschrift: «Post nubila Phoebus» (Nach den Wolken die Sonne). Auf dem Trottoir längs der Lindenstrasse aufwärts bis oberhalb des schönen

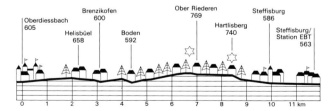

Landsitzes Diessenhof (erbaut 1740) und auf steilem Teersträsschen über die Tallehne empor in die einen Bogen beschreibende Lindenstrasse. Auf dieser 100 m leicht abwärts zu einem grasigen Feldweg, der einer Obstbaumreihe entlang den Rain durchquert und einen umfassenden Ausblick über das von Gurnigel und Längenberg umrahmte Aaretal bietet. An den reizvoll gelegenen Gehöften der Tannlimatt vorüber zieht sich der Fahrweg am Wald zum Weiler *Helisbüel.* Hier beeindruckt das Bild der Stockhorn-Gantrisch-Gruppe. Ein kurzweiliges Strässchen verbindet eine Reihe am Hang stehender Gehöfte und senkt sich darauf am Mattlisbüel von einem schmucken Rieghaus durch einen bewaldeten Hohlweg nach *Brenzikofen.* Gleich eingangs bei den ersten heimeligen Bauernhäusern (im Kunstführer erwähnt!) neben einem spruchbemalten Speicher von 1747 auf dem Strässchen nach links und durch das neue Quartier am aussichtsreichen Hang von Bälliz aufwärts. Dieses durch den Brachweg zurücklassend auf grasigem Feldweg, angesichts der greifbar nahen Berge, über dem flachen Talboden durch den Wiesenrain. Von einem einsamen Heimetli fällt ein Fussweg steil durch den Wald zur Häusergruppe *Boden* an der Rotache. Auf der Verkehrsstrasse über die steinerne Brücke und leicht aufwärts zum Wald, dann auf gutem Weg steil waldaufwärts zum obern Waldrand bei dem auf stiller Lichtung stehenden Hof Spittelsheimberg, einer kleinen Welt hinter Wäldern. Auf dem nach links biegenden Fahrsträsschen in den Wald und mühelos durch den Thuner Baan südwärts. Von der Gabelung in einer Schleife aufwärts und zuletzt auf schmalem Waldweg zur Lichtung des Riederenhubels empor. Auf weichem Grasweg geradeaus. Der Blick erfasst den Gipfelkranz vom Hohgant über die Eisriesen bis zum Ochsen. Auf Asphalt abwärts zu den schöngelegenen Höfen von *Ober Riederen.* (Hier lohnt sich ein 20minütiger Abstecher zur Heimbergfluh, die einen packenden Ausblick über das Aaretal bietet.) Man löst sich vom Waldrand und beginnt beim Ferienheim *Hartlisberg* den Abstieg nach dem nun zu Füssen liegenden grossen Dorf Steffisburg. Auf geteertem Weg kurz rainabwärts, vor dem nächsten Heimetli auf undeutlichem Graspfad nach links und durch den Wald hinunter zu einem schönen Rastplatz am untern Saum. Ein vielstufiger Fussweg senkt sich über die Pfaffenhalde und mündet vor der Ebene in den Kniebrecheweg. Den Hintergrund des Zulgtales beherrscht der massige Hohgant. Längs der Fahrnistrasse und durch den verkehrsfreien «Hohlweg» neben der Kirche hinunter ins Oberdorf von *Steffisburg,* abwärts zum Gemeindehaus und durch das Schulgässli zur Bus-Station. Wer bis Steffisburg EBT gehen will, begibt sich weiter abwärts zur Zulgbrücke und benützt den Uferweg der an den Schulanlagen vorüberführt. Später hat man sich ans Trottoir zu halten. Vom Restaurant Bahnhof über die Holzbrücke und unter der Betonbrücke hindurch zur Station EBT.

65 Brenzikofen– Lueg–Schwarzenegg

Kurzweiliger Aufstieg und aussichtsreiche Höhenwanderung zwischen Rotache und Zulg. Am Schluss längeres Teilstück auf Hartbelag.

Route	Höhe in m	Hinweg	Rückweg
Brenzikofen 🚂	577	–	2 Std. 25 Min.
Boden	592	15 Min.	2 Std. 10 Min.
Lueghubel	912	1 Std. 20 Min.	1 Std. 25 Min.
Pt. 895 (oberhalb Lood)	895	1 Std. 40 Min.	1 Std. 05 Min.
Unterlangenegg/Käserei	870	2 Std. 25 Min.	15 Min.
Schwarzenegg/Post 🚌	900	2 Std. 40 Min.	–

Vom Bahnübergang bei der Station *Brenzikofen* auf dem Feldweg dicht dem Bahngeleise entlang zum Campingplatz. Nun auf dem Teersträsschen nach links in die Häusergruppe *Boden*. Vor der Rotachebrücke links in den Fahrweg, der sich am nahen Waldeingang ans Ufer der Rotache legt und im anmutigen Waldtälchen bald zu einem idyllischen Rastplatz mit Feuerstelle führt. Hübsche Bachmotive erfreuen. Unweit davon den Bach überqueren und sogleich auf rauhem Weg hoch über einem Seitenbach durch den steilen Waldhang hinauf. An der Gabelung weiter bergan zum Luegmösli. Kurz dem Wald entlang, dann auf breitem Forstweg geradeaus zum Waldausgang vor den Gehöften Luegholz. Auf ebener Teerstrasse hinüber zur Häusergruppe Lueg und links zur Käserei. Kurz darauf zweigt ein Feldweg ab, der durch den Rain zum grossen Hof *Lueghubel* steigt, in herrlicher Aussichtslage östlich des wenig höheren Wachthubels. Vor allem beeindruckt der Blick über die Thunerseegegend zu den Gipfeln des Kandertales und zur Stockhorn-Gantrisch-Kette. Dieses Bild hat man ständig vor Augen während der mühelosen Wanderung auf dem Höhensträsschen über Port zur Wegspinne *Pt. 895* oberhalb Lood. Blick auch auf den mit unzähligen Höfen übersäten Sonnenhang des Buchholterbergs und das Kirchdorf Heimen-

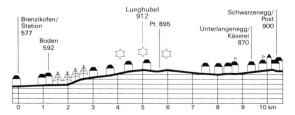

schwand. Auf dem Feldweg über den breiten Bergrücken geradeaus und nach 100 m an der Gabelung rechts. Leicht abwärts und nahe beim stattlichen Hof Allmid das von Fahrni aufsteigende Strässchen kreuzend auf dem Grasweg geradeaus in die Mulde hinunter. Die linke Waldecke streifend am Grenzstein vorüber die Geländekuppe der Fuchsegg (Pt. 874,6) überqueren. In der weiten Senke hat man Schwarzenegg vor sich. Der Weg senkt sich durch das weich modellierte Gelände, kreuzt die Strasse Kreuzweg-Heimenschwand, worauf man auf festem Strässchen durch die Felder zur Häusergruppe Eggen gelangt, wo es zum behäbigen Hof von Hinderzünen umbiegt. Die zackigen Grate von der Schratten zum Sigriswiler Rothorn bilden den weiten Rahmen zur weiträumigen Landschaft. Fortan auf Hartbelag den Höfen von *Unterlangenegg* entlang und von der Käserei zur Kirche von *Schwarzenegg* hinauf, vor der sich behaglich rasten lässt. Jenseits des Zulggrabens grüsst das weisse Kirchlein von Buchen.

66 Steffisburg–Heimenschwand–Röthenbach

Von der Zulg über die aussichtsreiche Höhe von Fahrni zur Rotache und über Buchholterberg und Stouffen ins Herz des Oberemmentales. Zwei halbstündige Teilstücke auf Hartbelag.

Route	Höhe in m	Hinweg	Rückweg
Steffisburg EBT 🚂	563	–	4 Std. 15 Min.
Steffisburg STI 🚋	586	30 Min.	3 Std. 45 Min.
Rachholtern 🚋	834	1 Std. 20 Min.	3 Std. 05 Min.
Pt. 895 (oberhalb Lood)	895	1 Std. 35 Min.	2 Std. 55 Min.
Rotache	778	1 Std. 55 Min.	2 Std. 30 Min.
Heimenschwand 🚋	1006	3 Std.	1 Std. 40 Min.
Vorder Stouffen	1100	3 Std. 35 Min.	1 Std. 10 Min.
Röthenbach 🚋	824	4 Std. 30 Min.	–

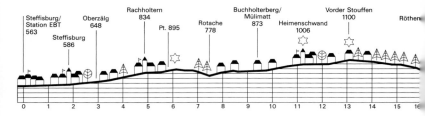

Von der Station *Steffisburg EBT* an die Zulg, unter der Betonbrücke durch zur Holzbrücke. Diese überqueren und an der Kreuzung nach rechts. Nach 200 m rechts zum Uferweg, der an den Schulanlagen vorüber zur Oberdorfstrasse führt. Durch diese dorfaufwärts. Von der Bus-Station *Steffisburg-Dorf STI* zum nahen Gemeindehaus und aufwärts zu der das Dorfbild beherrschenden Kirche. Nun durch den hier nach rechts abzweigenden, die Strasse nach Fahrni unterquerenden Grabenweg dem Schluchbach entlang dorfauswärts und hinauf zur sonnigen Terrasse von *Oberzälg*. Das Strässchen steigt durch den Hang von Muri zum Wald (bis hierher Hartbelag). Der Ausblick auf die Berge und die Thunerallmend hat sich mit jedem Schritt geweitet. Steil aufwärts zum obern Waldrand und am wettergebräunten Hof Bärenmoos vorüber durch den nächsten Wald bergan, dann unterhalb der schmucken Kirche schräg durch den Wiesenrain nach *Rachholtern* hinauf, das zur Gemeinde Fahrni gehört. Diese führt ein Farnblatt in ihrem «redenden» Wappen. Im Talhintergrund zeigt sich der breite Hohgant. Der Kirchhof mit seiner prachtvollen Aussicht auf die Berge bietet sich als lohnender Rastplatz an. Der freundliche Kirchenraum ist mit Glasmalerei von R. Schär geschmückt. Auf der Asphaltstrasse bis zur Häusergruppe Lood, dann auf geteertem Gütersträsschen hinauf zur Wegspinne *Pt. 895* auf der Egg.
Hier auf dem zweiten Feldweg nach rechts und nach 100 m an der Gabelung geradeaus. Jenseits des Rotachegrabens der mit unzähligen Höfen übersäte Sonnenhang des Buchholterbergs und das Kirchdorf Heimenschwand. Im Süden der Gipfelkranz von der Schratten über die Hochalpen bis zur Gantrischgruppe.
Sanft abwärts in das von Fahrni aufsteigende Strässchen und auf diesem zum nahen Hof Allmid. Dort auf ebenem Feldweg geradeaus. Der Weg fällt in den Wald Im Chrishau und windet sich links ausholend zur *Rotache* hinunter, die schäumend ihr enges Bett durchfliesst. Auf grasigem Fussweg über den Gegenhang zum nächsten Hof hinauf und auf dem geteerten Zufahrtssträsschen steil zu der am Terrassenrand stehenden Hofgruppe Ei empor. Dort nach rechts und nach 300 m auf ebenem Feldweg nach rechts. Auf dem nächsten Quersträsschen einige Schritte abwärts, dann auf vergrastem Feldweg unterhalb der vielen Höfe des Buchholterbergs kurzweilig quer durch den Wiesenrain. Zuletzt auf einem Flursträsschen zur Bushaltestelle *Buchholterberg/Mülimatt*. Kurz auf der leicht fallenden Asphaltstrasse an schönen Wohnsitzen vorbei bis zur Garage und dort das Teersträsschen einschlagen, das an schmucken Gehöften vorüber über Birchbüel ansteigt und sich dann verflacht. Beim nächsten Hof steigt ein Feldweg in den Wiesenrain, der sich als undeutliche Pfadspur fortsetzt, welche zu den Häusern von Längenacher hinaufführt. Nun auf gutem Feldweg zum westlichen Dorfende von *Heimenschwand* (S. 169) hinauf.

An «Bären», Post und Kirche vorüber durch das Dorf, das bei der Käserei zurückbleibt. Im Dorfteil Aegerten hat man sich bis ausserhalb der Garage an die trottoirlose Verkehrsstrasse zu halten, bis das Teersträsschen abzweigt, das über die Stouffenweid zu dem von schönen Bäumen beschatteten, herrlich gelegenen Hof *Vorder Stouffen* steigt. Mit prachtvollem Ausblick über das Tal des Rötenbaches schlängelt sich ein Fahrweg ostwärts an einer als Naturdenkmal geschützten gewaltigen Steineiche (Alter ca. 550 Jahre) vorüber nach Hinter Stouffen.
Dort links abwärts zum Stall und auf teppichweichem Weg über die Egg hinunter in den Wald. Auf schmaler Waldrippe verlaufend, dann wieder idyllische Weidelichtungen streifend, senkt sich der ausnehmend kurzweilige Weg ins Junkholz. Im Abstieg durch die Weide von Stouffenbrunnen zum nächsten Wald grüsst unter dem Chuderhüsi das Würzbrunnenkirchlein über das Tal des Jassbachs herüber. Auf rauhem Fussweg über eine Waldrippe in einen Seitengraben hinab und auf dem Fahrweg über den Jassbach zum westlichen Dorfende von *Röthenbach* (S.171) hinaus.

Schlosswil, Sitz der Bezirksbehörde des Amtes Konolfingen. Vor dem mächtigen Wehrturm des alten Schlosses die hübsche Gartenanlage mit Weiher und Springbrunnen (Routen 67 und 74).

67 Münsingen–Schlosswil–Biglen

Angenehmer Aufstieg zum prächtig gelegenen Amtssitz und durch weite Felder ins gastfreundliche Emmentalerdorf. Teilstücke auf Asphalt.

Route	Höhe in m	Hinweg	Rückweg
Münsingen 🚂 🚌	531	–	2 Std. 30 Min.
Oberi Bächlen	591	40 Min.	2 Std.
Buechli/Sägerei	711	1 Std. 20 Min.	1 Std. 20 Min.
Herolfingen	723	1 Std. 30 Min.	1 Std. 10 Min.
Schönibuech	770	1 Std. 45 Min.	55 Min.
Schlosswil 🚌	753	2 Std.	40 Min.
Biglen 🚂 🚌	738	2 Std. 40 Min.	–

Von der Station *Münsingen* (S. 171) am Gebäude der «BZ» vorbei, verkehrsfrei auf die Kirche zu und links um das von hohen Bäumen umgebene Schloss herum, an dessen Mauer das Steigerwappen in Sandstein beachtenswert ist. Am Schlossgut und am Feuerwehrmagazin (Wappen) vorüber zur Käserei an der verkehrsreichen Durchgangsstrasse, der man bis zur nahen Kirche folgt.
Zwischen «Bären» und «Löwen» durch den «Bärenstutz» hinauf in das neue Quartier am Sonnenhang. Bevor die Höhe der nächsten Terrasse erreicht ist, die Strasse nach Trimstein einschlagen, von der nach 50 m ein ebener Feldweg abzweigt und dem Herrenwäldli zustrebt. Schöner Blick zu Belpberg, Längenberg und Gurten. Aus dem Waldwinkel auf breitem Weg waldaufwärts, dann flach zum nördlichen Waldausgang. Am Saum zum nahen Terrassenrand empor und auf geteertem Gütersträsschen 50 m nach links zu Pt. 594,8, wo ein Flurweg abzweigt, der am Hof Unteri Bächlen vorüber zur Strassenkreuzung bei Pt. 591 führt. Auf der Asphaltstrasse geradeaus zum Wald. Gegenüber dem Hof *Oberi Bächlen* auf dem zweiten Weg in den Tägerishaldenwald hinein. Der Waldweg folgt dem Bächlein zu einem Stau-

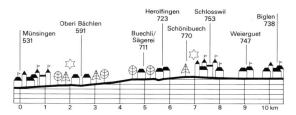

weiher und steigt dann sachte an bis zum Fuss des Bahndammes. Hier nach links zum Wald hinaus und auf vergraster Wegspur längs des Dammes zum nächsten Waldrand hinauf. Nun auf besserem Weg längs des Bahneinschnitts zur Überführung. Über diese zur nahen Strassenkreuzung bei Stüekeren (Pt. 650) und auf der Asphaltstrasse geradeaus aufwärts. Beim ersten Bauernhaus des Weilers Buechli, gegenüber einer mächtigen Linde, zweigt ein grasiger Feldweg ab, der einer Kirschbaumreihe entlang gemächlich ansteigt und sich dann steil hangaufwärts wendet. Bevor man die Höhe erreicht, geht ein guter Weg links ab, der dem Bord entlang in den Wald hinüberführt. Durch den schönen Buchenwald zur *Sägerei Buechli,* deren Areal man durchquert, um auf der geteerten Strasse am Waldrand weiterzuwandern. Weiter schöner Ausblick über das Aaretal zum Jura sowie auf Schloss und Dorf Worb und den Bantiger. Kurz durch den Wald und vom nördlichen Ausgang auf dem alten Strässchen, das die Senke des munteren Bächu quert, zu den stattlichen Gehöften von *Herolfingen* hinauf. Von der Dorfstrasse, die man beim letzten Wagenschopf nach rechts verlässt, schöner Blick auf Stockhorn und Gantrisch. Durch eine Hofgruppe in die alte Strasse, die sich zu Pt. 770 am nördlichen Saum des *Schönibuech* (nach Grosshöchstetten 45 Min.) hinanschlängelt. Schon einige Zeit sieht man den Turm von Schlosswil aus den hohen Bäumen ragen.
In dieser Gegend ist die einstige Gletschertätigkeit besonders augenfällig. Die Egg, auf welcher die Schlossallee steht, ist eine etwa 2 km lange Wallmoräne, die als Wasserscheide zwischen Emme und Aare wirkt. Die Gegend ist auch reich an Findlingen, die beim Pflügen oder bei Grabungen zutage treten. Bei manchem Bauwerk der Umgebung dienten solche «Geissberger» als Baumaterial, so auch beim Schlossturm.
Von der Waldecke gelangt man zu einem Geviert aus prachtvollen alten Bäumen, dem alten Richtplatz und weiter durch die einzigartige Schlossallee, aus der heraus der Blick nach beiden Seiten in die Ferne gleitet, besonders ins Aaretal mit Bern und ins Worbletal mit Schloss Worb.
Vom Schloss ins Dorf *Schlosswil* hinunter und geradeaus zur Käserei. Halbrechts abwärts in das Flursträsschen, das durch die weiten Felder zur Hofgruppe *Weierguet* führt. Die dunkle Erde verrät den ehemaligen Moorboden. Beim Gasthaus «Rössli» auf der Asphaltstrasse zu der die Autostrasse unterquerenden Tunnelröhre und auf der andern Seite nach links zum Hof Gwatt. Von diesem Hof ist schon in den ältesten Urkunden der Herrschaft Wyl die Rede. Zwischen den Gebäuden durch auf einen nach rechts abgehenden grasigen Feldweg, der durch das Gwattmoos die Verbindung zum Hof Acherweid herstellt, wobei man den Kirchturm von Biglen direkt vor sich hat. Nun auf der Asphaltstrasse über den Moränenwall zum Bahnübergang unmittelbar bei der Station *Biglen* (S. 169).

68 Münsingen–Ballenbüel– Grosshöchstetten

Kurzer Aufstieg zum herrlichen Aussichtspunkt Ballenbüel und prächtige Höhenwanderung ins gastliche Emmentalerdorf. Im 1. Teil grössere Teilstücke auf Hartbelag.

Route	Höhe in m	Hinweg	Rückweg
Münsingen	531	–	2 Std. 15 Min.
Tägertschi	644	40 Min.	1 Std. 40 Min.
Gysenstein	738	1 Std. 05 Min.	1 Std. 20 Min.
Ballenbüel	851	1 Std. 30 Min.	1 Std. 05 Min.
Grosshöchstetten	743	2 Std. 25 Min.	–

Vom Bahnhof *Münsingen* (S.171) am Gebäude der «BZ» vorbei verkehrsfrei Richtung Kirche und links um das Schloss herum, an dessen Aussenmauer das in Sandstein gehauene Steigerwappen beachtenswert ist. An Gemeindesaal und Feuerwehrmagazin vorüber zur Käserei und der belebten Bernstrasse entlang bis zur nahen Kirche. Nun zwischen «Bären» und «Löwen» hinauf. Vom Schützenhaus auf der Asphaltstrasse durch die Senke und an einem prachtvollen Eichenpaar vorüber zum Südrand des Tägerishaldenwaldes hinauf (Ruhebänke). Schöner Ausblick auf Voralpen, Belpberg und Aaretal, der an der Ecke des nächsten Waldes, an dessen Nordsaum die Strasse weiter ansteigt, noch weiter gespannt ist. J.V. Widmann nannte ihn die «schönste Überschau des Mittellandes». Bei der *Station Tägertschi* (nach Rubigen 1 Std.) über die Geleise und strassaufwärts zum Tenniwald. Auf dem an der Waldecke eintretenden Weg steil waldaufwärts in die nach links ansteigende Asphaltstrasse, welcher man an der Häusergruppe Bachsgraben vorbei bis zum Dorfeingang von *Gysenstein* (S.169) folgt (nach Worb 1 Std.). Auf steilem Teersträsschen in den prächtig gelegenen Weiler Hürnberg hinauf. Ausblick über das Aaretal nach Bern hinaus und ins Worbletal mit Schloss Worb. Gegenüber dem ersten Bauern-

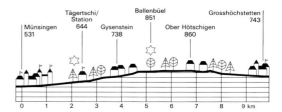

Münsingen und Umgebung

haus überwindet eine Treppe den steilen Rain. Oben auf ebenem Teersträsschen kurz nach rechts und auf vergrastem Weg zur ehemaligen Wirtschaft hinauf, von wo man ebenen Weges zum grossartigen Aussichtspunkt *Ballenbüel* gelangt, den zwei weithin sichtbare Linden beschatten.
200 m zurück, dann auf dem Strässchen ostwärts, das dem Südrand des Hürnbergwaldes folgt und sich durch den Wald talwärts wendet. Von der Waldecke auf Wegspur am Saum nach links und quer durch den Ackerrain zum Hof *Ober Hötschigen*. Das Strässchen, das nun ostwärts führt, stellt eine Höhenpromenade vor den Bergen des Oberlandes dar, zu denen sich hier auch Fürstein und Schrattenflue gesellen. Zu Füssen hat man das breite Tal zwischen Konolfingen und Signau. Kurze Zeit verläuft der Weg durch den Wald, streift die Lichtung beim Hof Hubel, um darauf als rauher Karrweg durch den Waldhang zu fallen. Auf Grasweg durch eine Wiese und durch den Rain zum Hof Zälg. Das geteerte Hofsträsschen senkt sich über die sanfte Tallehne zum Dorfrand von *Grosshöchstetten* (S. 169)). Am Schulhaus vorbei zum Parkplatz und auf Fussweg zur Station hinunter.

69 Münsingen–Häutligen–Oberdiessbach

Vom Aaretal über die aussichtsreiche Hube zur Chise. Grössere Teilstücke auf Hartbelag.

Route	Höhe in m	Hinweg	Rückweg
Münsingen 🚂 🚌	531	–	2 Std. 30 Min.
Tägertschi	604	35 Min.	2 Std.
Häutligen	762	1 Std. 35 Min.	1 Std. 10 Min.
Guethöchi	787	1 Std. 45 Min.	1 Std.
Ober Huben	764	2 Std.	35 Min.
Oberdiessbach 🚂 🚌	605	2 Std. 25 Min.	–

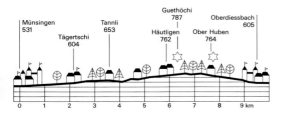

Vom Bahnhof *Münsingen* (S. 171) durch die Neue Bahnhofstrasse zur verkehrsreichen Kreuzung hinauf. Diese zum Coop-Center queren und durch die stille Nebenstrasse, die noch ländlichen Charakter bewahrt hat, dorfauswärts. Durch die Mülitalstrasse bachaufwärts zur Mühle. Am Sonnenhang dieses Tälchens wuchsen einst Reben, die schon 1128 erwähnt sind. Der heutige Alpenweg hiess ursprünglich Ladenwandgasse, da eine hohe Bretterwand die Trauben schützte. Auf dem südlichen Grabenrand stand die spurlos verschwundene Burg der Ritter von Münsingen.
Weiterhin auf Hartbelag an der alten Öle vorbei durch das stille bewaldete Mülital hinauf zum Dorfrand von *Tägertschi*. 1273 hiess der Ort Tegersche. Die Version, wonach Tegarascha = Hütten mit Schilfdächern bedeute, ist glaubwürdig, war doch das nahe Konolfingenmoos einst ein Schilfsee. Kurz dorfeinwärts, dann auf der geteerten Häutligenstrasse aufwärts in den Tschupiswald. Auf ebenem Strässchen nach rechts durch den Wald zu dem in schöner Lage über dem Aaretal sitzenden Hof *Tannli* und geradeaus durch den Tannliwald zur Wegkreuzung Pt. 639. Nun auf vergrastem Feldweg hügelwärts und mit wunderschönem Blick auf die Voralpen auf dem ersten Querweg am Terrassenrand nach rechts zu dem in schützender Mulde stehenden Hof Channenbüel. Geradeaus in den Wald Banhalten und auf dem tüchtig ansteigenden rauhen Waldweg zum obern Waldausgang. Von Pt. 724,5 auf Hartbelag an der Sägerei vorüber in die Dorfstrasse von *Häutligen* empor nach Konolfingen 🚆 50 Min.). Nach rechts zum Schulhaus (Wappen) und weiter dorfauswärts. Ein Teersträsschen steigt sanft durch den Rain zur *Guethöchi* (nach Wichtrach 🚆 1 Std.), wo sich ein herrliches Panorama im Halbkreis zwischen Niesen und Jura darbietet. Sehr schöner Blick ins Aaretal.
Ein von Büschen und malerischen Eichen gesäumter Weg läuft dem Ackerrain entlang in den Waldwinkel von Dreitannen, wo eine Bank zum Verweilen vor der schönen Landschaft einlädt. Für den Abstieg bieten sich zwei Möglichkeiten:
a) Auf angenehmem Weg am Waldrand abwärts, dann durch den Wald nach *Ober Huben* (Hube = Hälfte eines alemannischen Hofes). Nun auf geteerter Strasse abwärts, die zu einer Schleife durch den Wald ausholt und dann fast flach zur Wegkreuzung Pt. 710 bei den untern Höfen von Ober Huben führt. Wunderbar liegt die Gegend vom Thun da, umrahmt vom Kranz der Voralpengipfel. Jenseits des Tales die Falkenflue.
Längs der breiten Asphaltstrasse durch das Hangquartier steil zur Chise hinunter. Diese rauscht hier über ein Wehr und nimmt den Diessbach auf. Unmittelbar daneben steht die Station *Oberdiessbach* (S. 171).
b) Von der Bank waldeinwärts zur Lichtung von Chellen und auf steilem Pfad direkt zur Chise hinunter. Zeitbedarf für beide Varianten ca. 40 Min.

Münsingen und Umgebung   150

70 Münsingen–Kiesen–Thun

Unbeschwerliche Route zu schönen Dörfern des Aaretals und zur aussichtsreichen Terrasse von Thungschneit. Abschliessend schöne Uferwanderung. Einige Asphaltteilstücke.

Route	Höhe in m	Hinweg	Rückweg
Münsingen 🚂	531	–	4 Std. 15 Min.
Niederwichtrach	568	50 Min.	3 Std. 25 Min.
Oberwichtrach/Kirche	545	1 Std.	3 Std. 10 Min.
Kiesen/Löwen	547	1 Std. 50 Min.	2 Std. 25 Min.
Thungschneit	590	2 Std. 35 Min.	1 Std. 40 Min.
Räbeli/Überführung N 6	542	2 Std. 40 Min.	1 Std. 30 Min.
Zulgsteg	550	3 Std. 20 Min.	50 Min.
Thun 🚂	554	4 Std. 10 Min.	–

Vom Bahnhof *Münsingen* (S. 171) durch die Neue Bahnhofstrasse zur verkehrsreichen Kreuzung hinauf und über diese zum Coop Center. Nun geradeaus durch die stille Nebenstrasse in den noch ländlich gearteten Dorfteil, bis zum Fussweg, der nach rechts zum Krankenhausweg abzweigt. Durch diesen zum Spital am südlichen Dorfrand und mit schönem Blick zur Gantrisch-Kette auf dem Teersträsschen weiter, das zum Hof Schönbrunnen umbiegt und sich darauf dem Hof Surbrunnen zuwendet. Dort geradeaus in den Utteloowald. Vom Hof Rütenen, vor dem der angenehme Weg ins Freie tritt, auf schmalem Fussweg quer durch das winzige Moränentälchen, dann auf holprigem Grasweg angesichts des prächtigen Bergpanoramas durch den Ackerrain auf die Kirche von Wichtrach zu. Auf Hartbelag 100 m aufwärts in die ins Oberdorf von *Niederwichtrach* abfallende Asphaltstrasse. 300 m dorfabwärts, dann nach links am Schulhaus vorbei und gegenüber dem Spielplatz an einem alten Speicher vorüber zum Fussweg, der durch das schöne Wohnquartier zur Kirche führt. Vom nahen Schulhaus von *Oberwichtrach* (nach Wichtrach 🚂 🚌 15 Min.) durch die Kirchstrasse am schmucken, von schönen Bäumen umgebenen Pfarrhaus

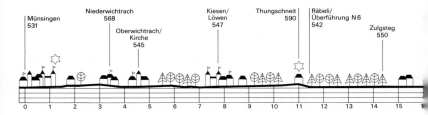

vorbei zum Schiessstand hinaus und weiterhin auf Hartbelag geradeaus. Nach kurzem Anstieg legt sich die Strasse an den aussichtsreichen Waldrand. Im Waldwinkel Pt. 571 nach rechts und dicht vor der Wohnsiedlung Bergacker waldeinwärts. Der später abfallende Waldweg tritt oberhalb Muracheren ins Freie. Mit Blick zur Niesenpyramide kurz dem Waldrand entlang, dann auf schmalem Pfad innerhalb des Saumes hoch über der lärmigen Strasse an der Hangkante weiter, bis ein schlechter Weg steil zur Strasse fällt. Diese vorsichtig kreuzen und über eine Treppe auf ein anfänglich betoniertes Gütersträsschen hinunter, das neben der Verkehrsstrasse nach *Kiesen* führt. Hier trifft man gleich auf zwei interessante Gebäude (Näheres S. 170). Von der Kreuzung beim «Löwen» durch die Bahnhofstrasse bis zur Käserei (nach Kiesen 🚆 10 Min.). Nun über die Chise zur Post und auf breiter Asphaltstrasse auf die imposant wirkenden Berge zu. Ein Gehöft trägt den seltsamen Namen Profässerei und erinnert damit an den einstigen Besitzer, einen Berner Professor (um 1750). Über die Autobahnzufahrt in den Chisenwald und gleich eingangs über die Rotache. Von der nahen Kreuzung nach links bis zur nächsten Brücke (Pt. 556). Hier die Verkehrsstrasse kreuzen und die Waldstrasse nach rechts einschlagen. An der Gabelung nach rechts zum erhöhten Waldausgang, wo man vor ein eindrückliches Bergpanorama tritt. Dieses hat man ständig vor sich auf dem Strässchen, das sich am Rand der grossen Kiesgrube in die wellige Feldterrasse des Bümbergs senkt und darauf gemächlich zur Hofgruppe *Thungschneit* steigt. Dort sprechen die vielen Obstbäume für die gute Lage. Vom ersten Hof leicht abwärts zum Räbeliweg, der sich über die steile Halde zur Autobahnüberführung im *Räbeli* senkt, die man überschreitet, um auf dem Uferweg aareaufwärts weiterzuwandern. Bleibt anfänglich zwischen Autobahn und Fluss nur wenig Raum, so weitet sich dieser allmählich und mit ihm der Auwald. Damit wird auch der Verkehrslärm vorübergehend erträglich. Gegenüber von Heimberg ist ein ansehnlicher Grundwassersee entstanden, der von Wasservögeln belebt wird. Nun nimmt der Lärm der Autobahn wieder zu. Man unterquert sie und gelangt bald zum Rastplatz mit Feuerstelle an der Mündung der *Zulg* (keltisch Tulla = Graben). Dieser am Hohgant entspringende Fluss kann sich sehr ungestüm gebärden und erfordert starke Verbauungen. Bei sömmerlichem Niederwasser lässt er sich aber hier leicht überschreiten, notfalls barfuss. Meist ist man aber zu einem etwa 500 m langen Umweg über den nächsten Steg genötigt (nach Steffisburg 🚆 10 Min.). Der Aareuferweg geht nun bald in ein Asphaltsträsschen über, das dem Wohnquartier «Im Kaliforni» entlangführt. Ein breiter verkehrsfreier Spazierweg zieht sich darauf dem ausgedehnten Armeeareal entlang, während das andere Aareufer lückenlos von Industrieanlagen begleitet ist. Von der Regiebrücke geradeaus über das Geleise der EBT bei der Haltestelle

Schwäbis und mit Blick zum stolzen Schloss längs der Alleestrasse in die Schwäbispromenade mit ihren prächtigen alten Bäumen, die ein Aarebad und eine Voliere beschatten, während sich auf der gestauten Aare die Wasservögel tummeln. Beim «Turm», einem Stück der alten Stadtmauer, erreicht man den Stadtkern von *Thun*. Durch die Lauben geradeaus zum Rathausplatz und weiter durch die Obere Hauptgasse in die rechts abzweigende Freienhofgasse. Durch diese und die Bahnhofstrasse zum Bahnhof.

71 Rubigen–Trimstein–Grosshöchstetten

Angenehmer Anstieg zur Wasserscheide von Schlosswil und schöne Waldwanderung ins schmucke Emmentalerdorf. Einige Asphaltteilstücke.

Route	Höhe in m	Hinweg	Rückweg
Rubigen 🚂	549	–	2 Std. 10 Min.
Oberholz	590	30 Min.	1 Std. 40 Min.
Trimstein/Schulhaus	630	55 Min.	1 Std. 20 Min.
Herolfingen	723	1 Std. 25 Min.	1 Std.
Schönibuech	770	1 Std. 40 Min.	45 Min.
Grosshöchstetten 🚂	743	2 Std. 25 Min.	–

Auf der Station *Rubigen* vom östlichen Ausgang der Unterführung in die Worbstrasse und dieser an den Schulhäusern vorüber folgen bis zu der oberhalb des Gemeindehauses abzweigenden Wydenhofstrasse. Vom letzten Haus auf gutem Fahrweg durch das Ackerland nach Ischlag. Die schmucke Hofgruppe durchschreiten und auf dem geteerten Zufahrtssträsschen zum Eingang des Ghürstwaldes. Dort auf Fussweg innerhalb des Waldsaums nach links. Er mündet in einen zum östlichen Ausgang führenden Waldweg, wo man die Höhe des Ballenbüels in der Ferne vor sich hat. Nun auf dem

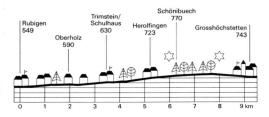

Flursträsschen durch weites Ackerland und auf Hartbelag durch die schöne Hofgruppe *Oberholz* zur Waldecke, Pt. 590. Hier auf dem Teersträsschen nach rechts durch die Senke des Trimstemooses. Eine schöne Birkengruppe am Bächlein erinnert an die einstige Riedlandschaft. Einst war hier ein See aufgestaut, aus dem Fische nach Bern geliefert wurden. An der Strassengabelung (Pt. 583) vor den Höfen von Weier nach rechts. Hinter dem 2. Hof beginnt ein grasiger Fussweg, der zuweilen kaum sichtbar zwischen Ackerrändern zu einem modernen Wohnhaus ansteigt. Auf geteertem Strässchen aufwärts und einer schöngelegenen Häuserreihe entlang, die Bahnlinie überquerend zum Schulhaus *Trimstein* (nach Tägertschi 🚂 40 Min., nach Münsingen 🚂 🚌 1 Std., nach Worb 🚂 🚌 1 Std.). An der schmucken Käserei vorüber dorfeinwärts. Blick gegen Schloss und Dorf Worb. Eine prächtige ländliche Gebäudegruppe mit hohen Bäumen fällt am Dorfeingang auf. Unter einer Lärche ruht ein Findling. An der Strassengabelung nach links und an wettergebräunten Bauernhäusern vorüber zum Restaurant hinauf. Dort die geteerte Strasse nach Gysenstein einschlagen, die zum Waldsaum ansteigt. Beim Gehöft Büel hat man die Weite des Aaretales und die Voralpen vor sich. Kurz nachdem die Strasse den Waldstreifen durchquert hat, zweigt ein Grasweg ab, der sich bald als undeutlicher Fussweg fortsetzt, welcher am Bächlein gegen die untersten Häuser von *Herolfingen* aufsteigt. Hinauf in das kleine, zur Gemeinde Konolfingen gehörende Bauerndörfchen und auf der Strasse geradeaus bis zum letzten Hof. Nun nach rechts und durch die schöne Hofgruppe in die alte Strasse, die sich über die weite Feldstrasse zu Pt. 770 am nördlichen Rand des *Schönibuech* hinanzieht. Links sieht man den Turm von Schlosswil aus den hohen Bäumen ragen. Am Waldeingang geradeaus waldeinwärts (wegen Schiessgefahr Angaben am Schluss beachten).

Der Weg legt sich bald an den Waldrand und bietet einen schönen Blick auf Schlosswil und über das weite Talimoos gegen Biglen (Ruhebänke). Es folgt nochmals eine beglückende Waldwanderung über Pt. 781 bis zum Talibüel, dem aussichtsreichen Moränekamm, über den ein Flursträsschen verläuft. Am Hang des Gwattbergs neue Wohnquartiere, die teils zu Schlosswil, teils zu Grosshöchstetten gehören. Rückblick auf Schlosswil und gegen Bern hinaus. Von verlockender Ruhebank unter mächtiger Linde sinkt der Weg an der Spielwiese und an einem schattigen Rastplatz vorbei zum Talibüelweg, der am Schulhaus vorüber zum Parkplatz fällt. Von hier Fussweg zur nahen Station *Grosshöchstetten* (S. 169).

Bei Schiessübungen im Stand Schlosswil: Von Pt. 770 führt der Waldweg durch die Gefahrzone und ist deshalb jeweils gesperrt. Man ist genötigt, durch die Schlossallee nach Schlosswil zu gehen und von dort Route 75 zu benützen, die bei Pt. 781 im Schönibuechwald in die Route 71 mündet.

72 Worb–Utzigen–Krauchthal–Burgdorf

Tageswanderung aus dem Worbletal über aussichtsreiche Höhen und durch grosse Wälder nach Krauchthal und durch das reizvolle Underbergental in die Emmestadt. Teilstücke auf Hartbelag.

Route	Höhe in m	Hinweg	Rückweg
Worb-Dorf 🚋 🚌	585	–	5 Std. 15 Min.
Vechigen/Dorf	601	30 Min.	4 Std. 45 Min.
Utzigen 🚌	691	1 Std. 10 Min.	4 Std. 10 Min.
Äbnit/Chlosterweg	853	2 Std. 10 Min.	3 Std. 20 Min.
Murerhüsli	790	2 Std. 40 Min.	2 Std. 45 Min.
Krauchthal 🚌	582	3 Std. 10 Min.	2 Std.
Underbergental/Ei	573	3 Std. 45 Min.	1 Std. 20 Min.
Siebenwegeplatz	607	4 Std. 35 Min.	30 Min.
Burgdorf-Steinhof 🚋	544	5 Std.	–

Von der Station *Worb-Dorf* (S. 172) durch die Enggisteinstrasse oder angenehmer über den Kirchhof in die unter dem steilen Schlossstalden nach links ansteigende Eggasse. Vorher ist am «Löwen» das Schild bemerkenswert, eine prächtige Schmiedearbeit aus dem 18. Jh. An der Egghalde, wo der Blick zum Schloss und zu den Bergen frei wird, durch das stille Wohnquartier in den Eggwald hinüber, der in müheloser Wanderung durchquert wird. Vom nördlichen Ausgang über die freie Hügelkuppe hinweg in ein festes Strässchen, das am Terrassenrand nach *Vechigen* hinüberführt.

Die prächtig gelegene Kirche, ein Glanzpunkt des Worbletales, bildet den Vordergrund zum weiten Ausblick über das Tal zum fernen Chasseral. Im Dorf aufwärts zum Brunnen vor der Käserei, dort einige Schritte nach rechts, dann auf dem Teersträsschen nach links, das sich, von Obstbäumen gesäumt, zur nächsten Waldecke hinschlängelt, wo vor dem schönen Rückblick über die Kirche hinweg zu den Bergen eine Ruhebank einlädt. Das

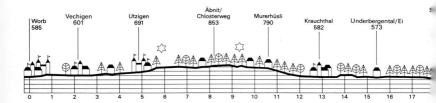

Strässchen steigt im Rechtsbogen durch die Tallehne zu Pt. 659, wo es sich gabelt. Hier nach links (Fahrverbot), den bewaldeten Bachgraben queren und angesichts des sich am Gegenhang ausdehnenden Dorfes Utzigen in kurzweiligem Abstieg durch den Wiesenrain von Graben in das waldige Tobel des Stämpech hinunter, der hübsche kleine Fälle bildet (Stämpech = Stampfbach, der durch enges Tobel fliesst). Der steile Aufstieg nach *Utzigen* mit dem in der Tiefe rauschenden Bach zur Seite ist überaus reizvoll. Der Bach hat im Dorfbereich immer wieder Zerstörungen angerichtet. Mit umfangreichen Verbauungen hofft man abgeholfen zu haben.
Durch die Dorfstrasse nach links (nach Boll-Utzigen 🚌 🚌 30 Min., nach Lützelflüh 🚌 🚌 2 Std. 45 Min.) zum «Rössli» und durch die Wullstrasse zum Schloss hinauf (Alters- und Pflegeheim. Wenig oberhalb über eine Treppe, den Saum eines Wäldchens streifend, hügelwärts und vom obern Waldsaum auf weichem Grasweg zum prachtvoll gelegenen Hof auf dem Hubel empor. Über das Dörfchen Ferenberg hinweg, über dem der Bantigerturm aufragt, schweift der Blick nach Bern hinüber und ins Seeland hinaus. Im Süden hat sich ein eindrückliches Bergpanorama entfaltet. Auf geteertem Strässchen durch die breite Berglehne nordwärts, über der in der schönen Jahreszeit Lerchenjubel schwebt. Über das fast lückenlos um das Lindental wogende Wipfelmeer fliegt der Blick zur fernen Hasenmatt hinaus. Wer Zeit und Lust hat, versäume nicht, vom Eingang des Utzigenwulls (Wull = Wald) in 15 Min. zur Gumihöchi zu steigen, die eine umfassende Rundsicht bietet. 200 m innerhalb des Waldes erlaubt ein rechts abgehender Waldweg den Belag zu meiden. Nach 500 m betritt man diesen wieder und steigt am Hof Sunnerain vorüber kurz an. Das Strässchen biegt hoch über dem Lindental in die Waldbucht beim einsamen Gehöft Tannenboden ein. Hier geradeaus leicht bergan in den *Äbnit*-Wald und an der Verzweigung auf dem mittleren Weg weiter. Links eine Waldhütte mit Feuerstelle. Auf dem alten *Chlosterweg* weiter, bis man am Muelerenwald kurz ins Freie tritt. Von einer Ruhebank lieblicher Ausblick ins waldreiche Luterbachtal. Statt der nach links fallenden Strasse zu folgen, geht man auf grasigem Weg kurz am Wald aufwärts, dann zum Hof Hinterboden hinunter. Nun auf angenehmer Forststrasse weiter, die sich an den Plateaurand hält und einmal einen schönen Durchblick über Krauchthal und die Brächerflue hinweg zum Jura bietet. Sie senkt sich am *Murerhüsli* vorbei. Etwa 100 m nach diesem geht links ein die Strassenschlaufe abschneidender Fussweg ab, der zu einer Wegspinne am Waldausgang fällt und sich nach links waldabwärts fortsetzt. Ein Bächlein querend, mündet er in einen Fahrweg, der sich nach einer Weile steil durch eine tiefe Hohle senkt. Einem hübschen Bächlein entlang betritt man angesichts der Brächerflue die Talsohle und hat auf ebenem Flursträsschen am Schützenhaus vorbei bald *Krauchthal* (S. 170) erreicht. Von der

Worb und Umgebung

Post längs der Burgdorfstrasse an der stattlichen Käserei und am «Hirschen» vorüber bis zum letzten Haus. Nun über den Chrouchtalbach zu dem an der Tallehne stehenden Wohnquartier. Über die lange Treppe zum Quartiersträsschen empor, auf diesem nach rechts bis zum äussersten Haus und am Waldsaum weiter. Bald steigt der Weg durch den Wald zum westlichen Waldrand gegenüber dem Hof Banholz. Schöner Blick gegen den Bantigerturm. Auf weichem Rasenpfad am Wald aufwärts. Einige Minuten nachdem man in den Hagtannenwald eingetreten ist, gabelt sich der Weg. Man steigt schräg durch den Buchenhang hinunter und gelangt über Stufen zum Waldrand. Auf anfänglich vergraster Wegspur folgt man parallel zur Talstrasse dem Hangfuss und erreicht gegenüber der schönen Hofgruppe *Ei* den Chrouchtalbach. Auf undeutlicher Wegspur am linken Ufer zur Talstrasse, die man beim schindelbedeckten Chüngelihüsli kreuzt. Dieses alte Försterhaus, ein Hochstudhaus von 1732 wurde renoviert und unter Schutz gestellt. Eine Sage erzählt, dass man hier stets Kaninchen halten musste, um Unglück fernzuhalten.

Der Weg folgt kurz dem Bach und tritt dann in den Buchenwald ein. Links drüben am Eingang des Seitentälchens liegt die Wybermatte.

Am Rand und teilweise auch innerhalb des Samstuwaldes zieht man etwas abgerückt vom Verkehrslärm durch das eigenartig gewundene *Underbergental* hinaus. «Under» kommt vom lateinischen inter = zwischen, also Zwischenbergental. Hier erklärt sich auch der Name Krauchthal. «Chrauch» (altes Berndeutsch) = Strassenkrümmung oder Rank, bedeutet aber auch kriechen. Demnach Kriechtal oder Tal, das sich windet oder krümmt.

Von Pt. 565,3, d. h. etwa 150 m nach einer einladenden Blockhütte, biegt der Weg zur Talstrasse um. Satt neben der Abzweigung nach Burgdorf schlüpft man dort in den Wald, wo ein schmaler Fussweg in angenehmer Neigung zu einer ebenen Foststrasse aufsteigt, die sich durch den Westhang des Pleerwaldes schlängelt. Bevor sie zum Waldausgang fällt, nach rechts zum Vita-Parcours und diesem entlang nach links zum *Siebenwegeplatz* (Pt. 607; nach Oberburg 🚂 45 Min.), der zu Recht so heisst. Weiter dem Parcours folgend leicht aufwärts. Von Posten 1 fällt hierauf der Fussweg, teilweise als hübscher natürlicher Laubengang und über Stufen zur Pleerecke an der Rothöchistrasse. Einem Eichenstreifen entlang über die wellige Höhe des Schönenbüelis. Ein weiter Ausblick ins Gebiet der untern Emme mit der Kirche von Kirchberg und zum Jura tut sich auf. Links des Weges die einstige Richtstätte. Durch ein kleines Gehölz absteigend, tritt man unter einer mächtigen Linde (Ruhebank) vor das schöne Stadtbild Burgdorfs mit der Stadtkirche, dem Schloss und den natürlichen Wahrzeichen, den vier Gysnauflühen. In kurzem Abstieg auf dem Schönbühlweg zur Station *Burgdorf-Steinhof.*

73 Worb–Mänziwilegg–Oberburg

Nach zum Teil steilem Aufstieg zum Knörrihübeli prächtige Höhenwanderung mit vielen schönen Ausblicken. Bis Diepoldshusenegg einige Teilstücke mit Hartbelag.

Route	Höhe in m	Hinweg	Rückweg
Worb-Dorf 🚂 🚌	585	–	4 Std. 30 Min.
Wattenwil 🚌	769	45 Min.	4 Std.
Knörrihübeli	910	1 Std. 10 Min.	3 Std. 35 Min.
Mänziwilegg	907	1 Std. 30 Min.	3 Std. 15 Min.
Ätzrüti	918	1 Std. 50 Min.	3 Std.
Diepoldshusenegg	923	2 Std. 10 Min.	2 Std. 40 Min.
Wasenegg	825	3 Std. 30 Min.	1 Std. 15 Min.
Ober Oschwand	712	3 Std. 55 Min.	40 Min.
Oberburg 🚂	547	4 Std. 25 Min.	–

Von der Station *Worb-Dorf* (S. 172) durch die Enggisteinstrasse oder angenehmer über den Kirchhof (Kirche kunsthistorisch bedeutsam) in die unter dem steilen Schlossstalden nach links ansteigende Eggasse. Am «Löwen» ist das Schild beachtenswert, eine prächtige Schmiedearbeit aus dem 18. Jh. Über die steile Egghalde und darauf am Eggwald zur Höhe der ersten Hangterrasse. Über dem Schlossturm füllt der Bergkranz vom Hohgant bis zum Ochsen den Horizont. Vor dem Waldhügel des Ballenbüel erkennt man den Turm von Schlosswil. An der Waldecke ruht ein kugeliger Findling, den der eiszeitliche Aaregletscher hertrug.

Auf dem Hasliweg am Wald zum Pfadfinderheim, dann aufwärts an den Nordrand des Worbbergwaldes, von wo der Blick über die Kirche von Vechigen und das untere Worbletal zum fernen Chasseral schweift.

Vom Hof Hasli bis nach *Wattenwil* hinauf hat man sich für ca. 10 Min. an die Verkehrsstrasse zu halten. Gleich am Dorfeingang auf dem geteerten Käse-

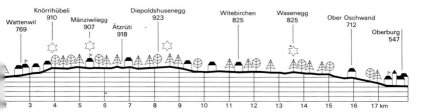

reiweg bergan. Auf Feldweg nach links zum Hof Schlattacher, dann auf sehr steilem Fahrweg zum Lüsebergwald empor. Hier hat man Worble- und Aaretal wie eine offene Landkarte vor sich. Am Waldsaum zum nahen Hof Hübeli, dem höchstgelegenen der Gemeinde Worb, und über den steilen Rasenrain hinauf zum *Knörrihübeli,* wo vor der grossartigen Aussicht, die nun auch die Berge der Zentralschweiz umfasst, Tisch und Bänke einladen. Steil zu Füssen die Firste von Wikartswil und jenseits der dunkelerdigen Ebene Walkringen und Biglen.

Jeder Schritt ist ein Genuss auf dem weichen Weg, der die wellige Waldkuppe des Lüsebergs überquert. Am Waldausgang halblinks auf einen Wiesenpfad, der oberhalb des Weilers Mänziwil die Hügelkuppe (Pt. 933,7) links umgeht. An den Ausgang des Worbletales schmiegt sich Bern, während die Schau weit hinaus bis zu den Jurarandseen und zum Jura reicht. Leicht abwärts zum Gasthaus *Mänziwilegg* (nach Walkringen 🚌 35 Min., nach Krauchthal 🚌 2 Std. 15 Min.). Auf breiter Asphaltstrasse nordwärts. Der zweite rechts abgehende Weg ermöglicht es, durch den Wald ausholend etwa 500 m weit dem starken Wochenendverkehr auszuweichen. Kurz bevor sich die Strasse am Waldeingang gabelt, betritt man sie wieder, um geradeaus waldeinwärts zu gehen. Man gelangt zur Kreuzung Pt. 918 (nach Vechigen 🚌 1 Std. 10 Min.). Auf dem Teersträsschen rechts abwärts, dann am stattlichen braunen Hof *Ätzrüti* vorüber zum Waldrand hinauf (nach Bigenthal 🚌 1 Std.). Nun durch den Wald abwärts in den Sattel von Schönbrunnen (Pt. 905). Hier schweift der Blick über den dicht bewaldeten Widimattgraben ins Napfbergland und zu den Bergen der Innerschweiz. Links die weite, mit vielen Gehöften bestreute Mulde von Birchi. Aufwärts zur nahen Käserei und durch den Wald zur *Diepoldshusenegg* (nach Boll-Utzigen 🚌 🚌 1 Std. 15 Min., nach Schafhausen 🚌 1 Std. 10 Min.).

Das Höhensträsschen überquert das hochgelegene Ackerland, worauf man auf rauhem Karrweg den nächsten Wald durchschreitet. Ein weicher Feldweg quert Wiesen und Äcker und senkt sich am Wald zum Hof Tannenhüsli. Einer Kirschbaumreihe entlang wendet sich das Hofsträsschen dem Walde zu. Innerhalb des Eingangs geradeaus und an der Passhöhe zwischen Luterbach und Biembach, vor dem schönen Hof Tröcheni ins Freie, an dem vorüber sich das Strässchen dem Walde zu zieht. Bald fällt es im Bogen aus dem Wald nach *Witebirchen*. Beim Hof auf grasigem Feldweg leicht aufwärts, worauf nun eine beglückend schöne Waldsaumwanderung hoch über dem Biembachgraben beginnt, bei ständig prächtiger Sicht auf die Berge und meist auf grasgepolstertem Weg. An den jenseitigen Hang schmiegen sich zahlreiche Höfe. Vor der Hügelwelt der Lüderenalp zeigt sich Schloss Trachselwald. Später öffnet sich auch der Ausblick gegen das Rapperswiler Plateau und ins Urtenental.

Der Weg fällt in den Sattel von Wasen (nach Hasle-Rüegsau 🚂 🚌 50 Min.) und steigt zum aussichtsreichen Waldeingang an der *Wasenegg*. Durch den dichten Tann abwärts und der Lichtung des Bärgli entlang, dann wieder im Wald aufwärts zum hochgelegenen Ackerplateau des Dürrägertenbergs. Steil senkt sich der Weg über den Wiesenrain und schlüpft zwischen den Wäldern durch in den lieblichen Winkel bei der Hohwacht (Pt. 761), wo vor der bewaldeten Hügelwelt des Luterbachtales eine Ruhebank lockt. Den Waldhügel rechts umgehend, führt der breite Weg durch die bewaldete Flanke oberhalb Dürrägerten und geht in ein Teersträsschen über, das sich in den Weiler *Ober Oschwand* senkt. Hübscher Blick in den Talboden der Emme und in den Heimiswilgraben mit den Höhen um die Lueg. Nach Querung des Weilers auf dem Fahrweg steil talwärts zu den Höfen bei Blattenfeld und durch den Hang des tiefen Waldgrabens hinunter. Über dem Tälchen von Fons gelangt man unmittelbar oberhalb *Oberburg* (S. 171) ins Freie und durch eine Sandsteinhohle zu den ersten Häusern. Schöner Blick gegen Schloss und Stadt Burgdorf. Auf dem steilen Leimerenweg hinunter zum Schulhaus und durch die Schulstrasse zur Hauptstrasse. Quer über diese in die zur Station führende Progressastrasse.

74 Worb–Schlosswil–Grosshöchstetten

In sanftem Anstieg zur Wasserscheide von Schlosswil und kurze Wanderung ins schöne Emmentalerdorf. Grössere Teilstücke auf Hartbelag.

Route	Höhe in m	Hinweg	Rückweg
Worb-Dorf 🚂 🚌	585	–	2 Std.
Richigen 🚌	635	35 Min.	1 Std. 25 Min.
Schlosswil 🚌	753	1 Std. 25 Min.	45 Min.
Schönibuech	781	1 Std. 40 Min.	30 Min.
Grosshöchstetten 🚂 🚌	743	2 Std. 10 Min.	–

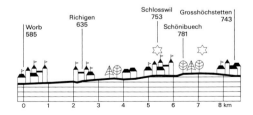

Worb und Umgebung

Über *Worb* Näheres Seite 172. Vom Bahnhofplatz durch Bahnhof- und Schulhausstrasse bis zum rechts abzweigenden Zälgweg, der in die Wydenstrasse mündet. Durch diese bis ausserhalb des Schulhauses. Dort auf Fussweg nach rechts, der dem Spielplatz entlang zur Trimsteinstrasse führt. Durch diese an den Hochhäusern vorüber sachte aufwärts zur Strassengabelung unterhalb des Hofes Eichmatt. Weiterhin auf Asphalt durch den schnurgeraden Gsteigweg einer grossen Obstanlage entlang auf die breite Hügelkuppe, wo sich ein hübscher Ausblick auf Worb, Worbletal, Dentenberg und die Berge darbietet. Links drüben in schöner Südlage das Mädchenerziehungsheim.
Leicht abwärts nach *Richigen* und auf der ersten Strasse nach links am Schloss, einem Landsitz aus dem 18. Jh., vorbei ins Dorf hinauf.
Beim «Rössli» die Hauptstrasse querend durch die Schlosswilstrasse aufwärts. Von den obersten Gehöften geradeaus und auf ebenem Flursträsschen einer Kirschbaumreihe entlang parallel zur tieferliegenden Hauptstrasse zum Rastplatz an der Ecke des Lochiwaldes. Dieses Wegstück bietet einen schönen Blick auf Schloss und Dorf Schlosswil und zu den Bergen. An der nahen Weggabelung im Wald nach rechts und am Waldsaum zur Hauptstrasse. Diese querend abwärts und am Hof Wisge vorbei durch die Senke der jungen Worble und hinauf in den Weiler Rohrmis. Auf der von Richigen aufsteigenden Asphaltstrasse den Hombergwald streifend nach *Schlosswil* (S. 171; nach Münsingen 🚂 🚌 1 Std. 30 Min., nach Biglen 🚂 🚌 40 Min.) hinauf, das bei der schöngelegenen Kirche erreicht wird. Von der alten Burg blieb nur der 43 m hohe Wehrturm, dessen Erdgeschoss aus Granitfindlingen eine Mauerdicke von 3,4 m aufweist, weshalb man ihn nicht abbrach. Der Widder der Frisching schmückt inmitten der Herrschaftswappen von Wyl, Grosshöchstetten und Gysenstein den Haupteingang des Amtsgebäudes des Bezirks Konolfingen, zu dem 1811 das Schloss umgestaltet worden ist.
Weiter zum Gasthof, von wo aus man für eine Viertelstunde, das heisst bis Tali auf die Asphaltstrasse angewiesen ist. Dort steigt ein Fahrweg in den *Schönibuechwald.* Von der Wegkreuzung im Wald (Pt. 781) nach links und in müheloser Waldwanderung bis zum Ausgang am Talibüel, dem aussichtsreichen Moränenkamm, über den ein gutes, von Kirschbäumen gesäumtes Flursträsschen verläuft. Der Blick fällt auf die neuen Wohnquartiere am Gwattberg. Sehr schöner Blick zu den Bergen, vor allem gegen Schrattenflue und Hohgant. Von einer Ruhebank fällt der Weg zum Spielplatz (Rastplatz), worauf man auf dem Talibüelweg zum Schulhaus und zum grossen Parkplatz gelangt. Von hier Fussweg zur nahen Station *Grosshöchstetten* (S. 169).

75 Worb–Ballenbüel–Konolfingen

Angenehmer Aufstieg zu einem herrlichen Aussichtspunkt. Kurzer Abstieg. Ab Station Worb SBB ca. 30 Min. (Asphalt) kürzer. Teilstücke auf Hartbelag.

Route	Höhe in m	Hinweg	Rückweg
Worb-Dorf 🚋 🚂	585	–	2 Std. 45 Min.
Trimstein	637	1 Std. 10 Min.	1 Std. 40 Min.
Büel	675	1 Std. 20 Min.	1 Std. 35 Min.
Gysenstein	738	1 Std. 40 Min.	1 Std. 10 Min.
Ballenbüel	851	2 Std. 15 Min.	45 Min.
Konolfingen 🚋	663	2 Std. 45 Min.	–

Von der Station *Worb-Dorf* (S. 172) wie bei Route 74 zur Strassengabelung beim Hof Eichmatt und hier nach rechts. Prächtig schauen die Berge auf die Ebene herein, durch die sich die geteerte Trimsteinstrasse nun schlängelt. Von der Kreuzung beim Hof Neumatt auf der Stationsstrasse nach rechts, die bei Schluchbüel, nahe der SBB-Station Worb, die Bahnlinie erreicht. Über das Geleise in den Gschneitwald und an der Gabelung links. Vom Waldausgang auf dem Feldweg kurz nach rechts, dann auf weichem Grasweg zur breiten Hügelkuppe des Horn hinauf. Dort bietet sich ein herrlicher Ausblick über das Aaretal zu den Voralpen und rückwärts auf Dorf und Schloss Worb sowie über Bern hinweg zum Chasseral. Vom grossen Ahorn schlängelt sich der weiche Feldweg zu den Gehöften von Horn hinunter. Nun auf Asphalt über die nahe Bahnlinie zum Schulhaus *Trimstein* (Pt. 630) und an der schmucken Käserei vorüber dorfeinwärts. Eine prächtige bäuerliche Gebäudegruppe mit hohen Bäumen fällt am Dorfeingang auf. Unter einer Lärche ruht ein Findling.
An der Strassengabel nach links und zum Restaurant hinauf. Dort die geteerte Strasse nach Gysenstein einschlagen, die zum Waldsaum steigt. Am

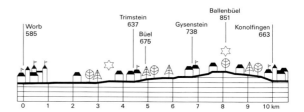

Waldeingang bei *Büel* (nach Grosshöchstetten 🚂 🚌 1 Std. 15 Min.) auf dem Waldweg nach rechts. Vom Ausgang auf vergrastem Fussweg einer Kirschbaumreihe entlang geradeaus zum ersten Hof von Buechli. Auf dem Teersträsschen zur Sägerei (Pt. 711) hinauf und zwischen den Holzstapeln hindurch in den Wald. Auf dem zu frohem Ausschreiten geschaffenen Weg durch den Buchenwald südwärts und anschliessend auf ebenem Feldweg durch den Rain. Links umbiegend zur Höhe, wo man zum Schlossturm von Schlosswil hinüberblickt und unter einer Linde eine Ruhebank lockt, um die weitreichende Aussicht nach Süden und Westen zu geniessen. Nun auf dem Feldweg nach rechts über die runde Moränenkuppe zu Schulhaus und Post *Gysenstein* (S. 169, nach Tägertschi 🚂 20 Min.). Kurz dorfeinwärts, bei der Schmiede nach links und am Feuerweiher vorüber zur steilen Asphaltstrasse, die an der Käserei vorbei in den prächtig gelegenen Weiler Hürnberg steigt. Gegenüber dem schönen ersten Bauernhaus auf der Holztreppe über den steilen Rain empor, auf ebenem Teersträsschen nach rechts und vom Linksrank auf grasigem Feldweg zur ehemaligen Wirtschaft hinauf, von wo man ebenen Weges zum Aussichtspunkt *Ballenbüel* gelangt, den zwei weithin sichtbare Linden beschatten. Nach dem Chronisten Jahn befand sich hier eine dem keltischen Sonnengott Belenus geweihte Kultstätte. Er stützte sich dabei auf ein bei Schlosswil gefundenes steinernes Götzenbild.
Was den Wanderer im Aufstieg mehr und mehr beeindruckt hat, ist hier mit neuen Aspekten zu einem prachtvollen, weitgespannten Landschaftsbild vereinigt. Vor allem ist dieser Rastplatz ein wunderbarer Logenplatz vor den Berner Alpen. Auf weichem Grasweg durch den Rain leicht abwärts zum Gehöft Unterballenbüel und über Stufen in den Buchenwald hinunter, den man über eine Holztreppe angesichts des zu Füssen liegenden Dorfes Konolfingen wieder verlässt. Am ebenen Grasweg, der zu den Häusern von Längfeld hinüberführt, steht unter einer Linde eine Bank, die zum Betrachten des herrlichen Ausblicks einlädt. Rechts unten, zwischen hohen Bäumen, das Schlösschen Ursellen mit dem zierlichen Türmchen.
«Glücklich sind, die im Gesetz des Herrn wandeln» bedeutet die lateinische Inschrift am zweiten Haus von Längfeld. Auf dem ebenen Zufahrtsweg durch das nahe Buechholz und zuletzt leicht abwärts zum Ausgang am Dorfrand von *Konolfingen* (S. 170). Längs einer Reihe von Kastanienbäumen kurz abwärts zum langen Treppenweg, der sich zur Sonnrainstrasse senkt. Nach links zur belebten Durchgangsstrasse. Eine Minute von hier aufwärts steht der schöne Brunnen, der zum Andenken an den Jodelkomponisten Oskar Friedrich Schmalz (1881–1960) und seine Gattin und Mitarbeiterin Hedy von den Jodlerverbänden gestiftet wurde. Rechts abwärts zum nahen Bahnhof, vor dem ein von der Alpenmilchgesellschaft gestifteter Brunnen zu beachten ist.

76 Vechigen–Ätzrüti–Bigenthal

Querwanderung zwischen Worbletal und Bigenthal mit prachtvollen Ausblicken. Bis Ätzrüti Teilstücke auf Hartbelag.

Route	Höhe in m	Hinweg	Rückweg
Vechigen 🚊	583	–	2 Std. 15 Min.
Radelfingen 🚌	757	40 Min.	1 Std. 45 Min.
Littiwil	821	1 Std. 05 Min.	1 Std. 25 Min.
Ätzrüti	918	1 Std. 25 Min.	1 Std. 10 Min.
Dachsenflue	911	1 Std. 50 Min.	45 Min.
Bigenthal 🚊	675	2 Std. 20 Min.	–

Von der Haltestelle *Vechigen* auf Asphalt zur Kirche hinauf, vor der sich eine schöne Sicht gegen Stockhorn und Gantrisch bietet. Gegenüber der Kirche das kleine Ortsmuseum, vor dem Kirchhof ein Serpentinfindling.
Leicht abwärts in das Bauerndorf und am Bächlein zuerst nach rechts, dann links aufwärts zum Brunnen vor der Käserei und rechts zur Wirtschaft hinauf. Dieser gegenüber auf grasgepolstertem Fussweg über den steilen Rain hinan. Im Anstieg hübscher Blick über das in den Baumgärten versteckte Dorf und die schmucke Kirche zu den Bergen und auch ins Worbletal hinaus.
Unterhalb des Gehöfts Studweid betritt man das Teersträsschen, das kurz durch den Wald und am Hof Buacher vorüber zur nächsten Terrasse steigt, auf der inmitten der Obstgärten das Bauerndörfchen *Radelfingen* liegt. Ein Alemanne Radolf gab ihm den Namen. Vor dem Dörfchen fliegt der Blick über Bern und die Frienisberghöhen hinweg zum Jura. Geradeaus in die Bachmulde und auf der Verkehrsstrasse 50 m nach links in das Teersträsschen, das sich am schönen Hof Stockmatt vorüber, von Kirschbäumen gesäumt, zum Farnerenwald hinanschlängelt. Auf dem Hauptweg waldaufwärts. An der Waldecke (Pt. 829) auf dem Chnubel hat man das Dörfchen *Littiwil* zu Füssen (nach Walkringen 🚊 1 Std. 10 Min.). Auf Asphalt in das stille Bauerndörfchen hinab, das man nach rechts ansteigend durchquert. An der Kreuzung bei Pt. 821 zwischen den schönen Wohnsitzen geradeaus

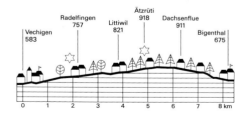

Am prächtigen Höhenweg von Hasle-Rüegsau zur Lueg (Route 9).

aufwärts und auf Hartbelag zum Bodenwald hinauf, den man auf angenehmer, zuweilen steiler Waldstrasse quert.
Von der Strassenkreuzung bei Pt. 918 (nach Worb 🚌 🚆 1 Std. 30 Min., nach Oberburg 🚌 2 Std. 35 Min.) auf dem Teersträsschen leicht abwärts, dann am sehr stattlichen dunkelbraunen Hof *Ätzrüti* vorüber zum Wald hinauf und am Saum nach rechts zur freien Kuppe bei Pt. 947,6. Der Kranz der Berneralpen steht an klaren Tagen über den dunklen Höhen des Blasenfluegebiets und ostwärts erfasst der Blick einige Berge der Zentralschweiz. Leicht fallend, schlängelt sich das Höhensträsschen (überwiegend geteert) teils am sonnigen Waldrand verlaufend, als prachtvolle Aussichtspromenade über die hochgelegene Terrasse. Oberhalb des Hofes Chatzbach, wo der Wald zurückbleibt, taucht der Blick in den Widimattgraben und im Tal der Grüene ist Schloss Trachselwald zu erspähen. Am Grenzstein der Bezirke Bern und Konolfingen vorbei leicht abwärts zur Bergkante unmittelbar über dem Bergheimet *Dachsenflue,* das in sonniger Steilhalde wie angeklebt erscheint. Tief unten im Tal Dorf und Station Bigenthal.
Geradeaus in einen anfänglich birkengesäumten Hohlweg und durch Wald, dann zwischen lieblichen Wiesenbördern zum Hof Laucheren hinunter, von wo ein Fussweg schräg nach rechts durch den steilen Waldhang fällt. Vom einladenden Bänklein am untern Waldsaum umfasst der Blick die Dörfer Bigenthal und Walkringen und die Voralpen. Vom obersten Gehöft schlingt sich ein schmaler Weg durch den abschüssigen Rain nach *Bigenthal* hinunter, das man am Schulhaus vorüber erreicht. Das an der schmalsten Stelle des vom Biglebach durchflossenen Tales liegende Dorf gehört politisch zur Gemeinde Walkringen.
Am steilen Waldhang östlich davon befindet sich ein vorgeschichtliches Erdwerk.

77 Boll–Wägesse–Lützelflüh

Auf historischem Weg vom Worbletal ins Emmental. Teilstück der schweiz. Mittellandroute. Prächtige Aussichtspunkte, viele schöne Bauernhöfe. 80% auf Hartbelag.

Route	Höhe in m	Hinweg	Rückweg
Boll-Utzigen 🚍	563	–	3 Std. 20 Min.
Utzigen/Dorf 🚌	691	35 Min.	2 Std. 50 Min.
Birchi	813	1 Std. 10 Min.	2 Std. 25 Min.
Diepoldshusenegg	923	1 Std. 35 Min.	2 Std. 05 Min.
Wägesse	894	1 Std. 45 Min.	1 Std. 50 Min.
Äbeläng	790	2 Std. 20 Min.	1 Std. 10 Min.
Schafhausen 🚍	606	2 Std. 45 Min.	35 Min.
Lützelflüh-Goldbach 🚍	582	3 Std. 20 Min.	–

Von der Station *Boll-Utzigen* dorfeinwärts zum «Bären» und längs der Strasse nach Burgdorf zum Dorfrand. Von der dort abzweigenden Strasse nach Utzigen geht sofort ein am Wald aufsteigendes Teersträsschen ab. Es ist dies die historische Strasse, auf welcher man einst von Bern über den Wägesse ins Emmental zog oder später mit der Postkutsche reiste. An der Gabelung im Wald links aufwärts in ein Teersträsschen, auf dem man angesichts der Pflegeanstalt Schloss Utzigen beim Hof Weier die freie Höhe des Äbnit und durch die ebenen Felder die Häusergruppe Bifang erreicht. (Dieser Name bedeutet ein von der Allmend abgetrenntes Landstück.)
Die Poststrasse kreuzen zu einem hübschen Chalet, wo ein grasiger Fussweg beginnt, der in einen in den untern Dorfteil von *Utzigen* führenden Feldweg mündet. Hinauf in die Dorfstrasse und durch diese rechts. An der Biegung auf dem Nebensträsschen geradeaus aufwärts. Nach dem letzten Haus die Brücke überqueren und ein Wäldchen streifend dem Stämpach entlang, der nach dem verheerenden Hochwasser von 1987 mit grossem Aufwand verbaut wurde. Auf das rechte Ufer des hier natürlicher belassenen Baches wechselnd zur Käserei Schächli, wo man auf der Mänziwilegg-

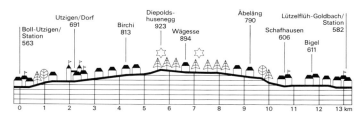

strasse weitergeht bis zum links abzweigenden Teersträsschen, das als sogenannte Steingasse (der Name erinnert an einen mit Steinplatten belegten Römerweg) zur Hofgruppe *Birchi* aufsteigt (nach Walkringen 🚶 1 Std. 15 Min.) und darauf wieder in die Mänziwileggstrasse mündet. An diesem Punkt herrlicher Blick in die Weite des westlichen Mittellandes und zu Stockhorn und Gantrisch. Gegenüber der prächtigen Hofgruppe Diepoldshusen steigt ein sehr steiles geteertes Strässchen am Wald zum schönen Hochplateau der *Diepoldshusenegg* (nach Oberburg 🚶 2 Std. 15 Min., nach Worb 🚶 🚌 1 Std. 50 Min.). Hier beginnt eine mühelose Höhenwanderung auf dem flachen, leider durchgehend geteerten Strässchen über den Bergrücken des Wägesse. Anfänglich verläuft sie im Wald mit herrlichen Durchblicken zu den Alpen. Bei der Hofgruppe *Wägesse* (Pt. 894,4, nach Biembach/Käserei 🚌 25 Min.) lockt eine um den Stamm einer mächtigen Linde gebaute Bank, den herrlichen Rundblick in Musse zu geniessen.
Wald und Feld lösen sich ab. Bei jedem Waldausgang erfreut der Blick auf die Vor- und Hochalpen, ins Napfbergland und zum Jura. Fehlt die Fernsicht, so ruht das Auge auf dem Waldgewoge um das Bigetal. Von der Wegspinne beim Hof Chüeschatten fällt das Strässchen längs einer Hecke zum Hof Afterlee, von wo ein ebener Feldweg den Rain nach *Äbeläng* durchquert (nach Biembach/Bad 🚌 35 Min., nach Hasle 🚶 🚌 1 Std. 10 Min.). Nun wieder auf Hartbelag über die kleine Hochebene geradeaus. Kurz vor dem Wald zweigt ein zu Beginn undeutlicher Fussweg links ab, der durch eine steile Waldhohle und später als rauher Fahrweg durch den bewaldeten Graben fällt und dabei zwei Kehren der Strasse abschneidet. Auf dieser nun durch das Tälchen nach *Schafhausen* hinunter, dessen Name von Schafhütten oder -häusern abgeleitet ist. Das zur Gemeinde Hasle gehörende Dorf hat einige besonders stattliche Bauernhäuser.
Nahe der Station über Talstrasse und Bahnlinie. Die Asphaltstrasse, an die man sich nun für eine halbe Stunde halten muss, zieht sich um den Nordfuss des Bigelbergs. Mit dem weiten Blick über das untere Emmental, wo die Stadtkirche von Burgdorf sichtbar ist, zu Hasenmatt und Weissenstein, ist auch dieses Wegstück nicht reizlos. Beim Weiler *Bigel*, in geschützter Mulde am Eingang des Talgrabens, mit seinen stattlichen Bauernhäusern und hübschen Speichern, tritt das Schloss Trachselwald ins Blickfeld.
Man gelangt zum frei über dem Dorf stehenden Schulhaus Goldbach, der langjährigen Wirkungsstätte des Pioniers der Wanderwegebewegung, Dr. h. c. Otto Beyeler.
Über eine Treppe hinunter auf einen Fussweg, der zur Talstrasse führt. Gleich rechter Hand hinter der Einfahrt des Bauernhauses steht der reich bemalte Zehnjungfrauenspeicher von 1712. Längs der Strasse zum Gasthof Krone, dann nach links zur Station *Lützelflüh-Goldbach* (S. 170).

78 Krauchthal–Wasenegg–Hasle-Rüegsau

Querwanderung über die Höhenzüge längs des Luterbachtales ins Emmental. Steilaufstiege im Wald werden durch prächtige Aussicht belohnt. Hartbelag am Schluss.

Route	Höhe in m	Hinweg	Rückweg
Krauchthal 🚆	582	–	2 Std. 40 Min.
Luterbach	670	50 Min.	1 Std. 50 Min.
Wasenegg/Sattel	802	1 Std. 50 Min.	1 Std. 10 Min.
Hasle-Rüegsau 🚌 🚆	571	2 Std. 40 Min.	–

Von der Post *Krauchthal* (S. 170) durch die Oberdorfstrasse an der Kirche vorüber dorfauswärts und angesichts der Brächerflue auf dem Flursträsschen am Schiessstand vorbei in die stille Waldbucht hinein. An der Weggabel zwischen dem hübschen Bächlein und dem Waldrand nach links aufwärts in den tiefen Hohlweg, der anfänglich zwischen Sandsteinwänden, später nach links biegend, in den Wald aufsteigt.

Oberhalb der Hohle nach rechts und mühelos durch den Waldhang. Der Fahrweg geht in einen Fussweg über, der nach einigen Minuten den Bachgraben quert und recht steil zur Strassenspinne am obern Waldausgang steigt. Auf ebenem Strässchen am nördlichen Waldsaum weiter. Nach Querung eines Waldzipfels erreicht man beim Hof Bueholz den Rand des Luterbachtales. Ein Fahrweg senkt sich durch den Rain zum Weiler *Luterbach.*
Nun auf grasigem Weg über den nahen gleichnamigen Bach und im Gegenhang an einer Blautannengruppe vorüber am und im Wald kurz sehr steil bergan. Einer ebenen Wiesenbucht entlang nach links erneut waldeinwärts, wo ein Hohlweg stotzig nach links ansteigt. Erneut eine Lichtung berührend straff waldaufwärts bis der Bergrücken gewonnen ist und man aus dem Walde tretend die Höhenroute 73 erreicht (nach Worb 🚌 🚆 2 Std. 45 Min.). Auf dieser beginnt nun auf grasgepolstertem Waldrandweg hoch

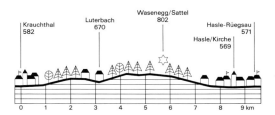

über dem Biembachgraben ein genussreicher Bummel nordwärts mit prächtigem Alpenblick. Im Tal zeigt sich Hasle und vor der Hügelwelt der Lüderen Schloss Trachselwald. Später öffnet sich die Schau über das Fraubrunnenamt zum Jura.

Der Weg senkt sich in den Sattel (Pt. 802) vor der *Wasenegg* (nach Oberburg 🚆 1 Std.). Auf ostwärts fallendem Fahrweg an den Wald hinunter und durch den rechten Hang des bewaldeten Bachgrabens talwärts. An der Hofgruppe Insberg vorbei erreicht man beim spruchbemalten Hof Mädleen den Talboden des Biembaches. Auf Hartbelag zur nahen Talstrasse hinüber, der man etwa 400 m zu folgen hat, bis ein Trottoir beginnt. Auf diesem zum Gasthaus «Kreuz» und dorfeinwärts zur Kirche *Hasle* (S. 169). Hier geht ein Nebensträsschen ab, das an den Fuss des bewaldeten Terrassenabfalls und zum Bahnviadukt führt. Dort ermöglicht eine Treppe den direkten Zugang zum Perron der Station *Hasle-Rüegsau*.

Der mächtige Sandsteinfelsen der Brächerflue mit Spuren der einstigen Bausteingewinnung. Zusammen mit der Chrüzflue bildet er das natürliche Wahrzeichen von Krauchthal und steht wie diese unter Naturschutz (Routen 8, 60, 72 und 78).

Sehenswürdigkeiten und Ausstellungen

Affoltern i. E. Kirche ursprünglich von 1408, mit Chorfenstern von R. Münger 1911. Alte Glocke auf dem Kirchhof. Pfarrhaus von 1748. – Mehrere Speicher, z. B. von 1617, 1703, 1745, 1748 – Emmentalische Schaukäserei, täglich geöffnet von 8.30 bis 17.30 Uhr. Eintritt frei. (Für Gruppen Voranmeldung erwünscht: Tel. 034 75 16 11.) – Auf der Lueg (887 m) Kavalleriedenkmal von 1921 und Panorama.
Biglen. 1966 renovierte Kirche von 1521 mit Wappen und Sprüchen von 1635, daneben grosser Zehntspeicher.
Burgdorf. Stadtkirche 1471/90 mit Lettner von 1512, einem Meisterwerk der Steinmetzkunst, und drei Chorfenstern von R. Schär. – Historisches Museum im Schloss: geöffnet April bis Oktober, Montag bis Freitag, 14 bis 17 Uhr, Samstag von 14 bis 17 Uhr, am Sonntag von 9.30 bis 11.30 und von 14 bis 17 Uhr. – Ausstellung zum Projekt «Schweiz. Volksmusik- und Trachtenzentrum Kornhaus», Mühlegasse, auf Anfrage geöffnet: Tel. 034 22 94 34 oder 23 10 10 (nur Teil Phonographensammlung). Eintritt frei. – Museum für Völkerkunde, Kirchbühl 11. Öffnungszeiten: Sonntag, 10 bis 12 Uhr, Mittwoch, 14 bis 17 Uhr, oder nach Vereinbarung. Auskunft/Führungen: Tel. 034 22 53 58/22 70 35. (Stadtführer und Kunstführer für Stadtkirche, Stadthaus und Schloss erhältlich.) – Stadtbibliothek: geöffnet Montag, Dienstag, Freitag, 13 bis 18 Uhr, Mittwoch, 13 bis 20 Uhr, Samstag, 10 bis 16 Uhr. – Galerie Bertram, Hohengasse 21, Tel. 034 22 84 31. – Planetenweg von Binzberg nach Wynigen (Route 3).
Dürrenroth. Kirche von 1485, älteste Glocke von 1392, Taufstein von 1562, Original-Schneider-Orgel von 1838. Pfarrhaus Anfang 18. Jahrhundert. – «Bären» 1752, die Post (ehemaliges Schulhaus) 1788, «Kreuz» 1806. – Reich bemalter Bauernspeicher Fraumatt von 1724. – Bauernsiedlung Huben: Bauernhaus 1869, Speicher 1743, Ofenhaus 1792, Wohnstock 1886.
Eggiwil. Kirche von 1631 mit Glasmalerei von F. Stauffer, L. Steck, A. Schweri und P. Zehnder. Pfarrhaus 1757. – Salzhaus 1822. – Sechs Holzbrücken 1833–1900.
Eriswil. Kirche: Schiff 1905, Chor 1528, Decke mit spätgotischem Fries und gemaltem Bernreich, ein Fenster 1907 von R. Giesbrecht, zwei von R. Schär 1959, vier Wappenscheiben von W. Soom 1939, zwei Rundscheiben von Bern und Huttwil 1530. – «Bären» 1763, kleiner Dorfplatz mit Obeliskbrunnen und stattlichen, spätbarocken Häusern von Leinwandherren.
Grosshöchstetten. Kirche mit fünf Scheiben von 1597. Pfarrhaus 1631/38. – Schüpbachhaus von 1750. – Im Primarschulhaus zwei Wandgemälde 1939 von W. Clénin und W. Aebersold. – Gemeindehaus 1868.
Gysenstein. Schulhaus, Wandgemälde: F. Ryser «Arche Noah» 1958, U. Güdel «Graset» 1976.
Hasle bei Burgdorf. Kirche, 1678 erneuert von Abraham Dünz. Die Fresken stammen aus der Mitte des 15. Jahrhunderts (im Chor: 7 Bilder aus dem Leben Benedikts von Nursia; im Schiff: Passionsgeschichte). Zehn Wappenscheiben, acht von J. J. Güder 1678, Chorfenster 1915 von Burkhard Mangold. – Pfarrhaus 1713. – Grösste Holzbogenbrücke Europas, 1839, mit 68,7 m Fahrbahn.
Heimenschwand. Kirche 1836 mit Chorfenster von R. Münger 1911 und Orgel mit spätbarockem Prospekt 1870.
Heimisbach. Simon-Gfeller-Gedenkstube im alten Schulhaus Thal von 1828, unentgeltlich geöffnet April bis Oktober täglich von 8 bis 18 Uhr. (Anfragen für Führungen: Tel. nur abends 034 71 27 25 oder 034 71 17 95.)

Sehenswürdigkeiten und Ausstellungen 170

Heimiswil. Kirche 1703 mit Chorfenstern 1904/05 von R. Münger und zwei Wandbildern von W. Soom 1937. – Im «Löwen» Burgerstube mit Heimiswiler Wappen (Wappen der Burgerfamilien). «Elsi-Stube» zum Gedenken an «Elsi die seltsame Magd» (nach der Novelle von Jeremias Gotthelf). «Löwen»-Stock 1768 mit Vogtstube. – Typische Emmentaler Einzelhofsiedlungen. – Eibe im Gärstler, geschütztes Naturdenkmal, 1000jährig.
Huttwil. Kirche von 1834 mit Glasgemälden 1934 von W. Reber und P. Zehnder, Orgelprospekt 1838, Soldaten-Denkmal (1914 bis 1918). – Brunnenplatz 1834. – Leuenberger-Denkmal 1903. – Heimatmuseum im alten Schulhaus Nyffel von 1819. – Auf dem Huttwilberg: Wehrmänner-Gedenkstätte (1939 bis 1945).
Kiesen. Nationales Milchwirtschaftliches Museum 1813. Öffnungszeiten: 1. April bis 31. Oktober, täglich von 14 bis 17 Uhr. Tel. 031 22 31 81. Auf Anmeldung hin für Gruppen auch vormittags. Tel.031 45 33 31 (Schweizerische Käseunion AG, Bern). – Turmstöckli mit Uhrtürmchen. – Barock-Schloss.
Konolfingen. Ref. Kirche 1898/1938 mit zwei Fenstern von B. Mangold 1912 und drei von C. A. Schmalz 1938. Fresko von F. Ryser 1942. – Kath. Kirche 1966/67 mit farbigen Betonglasfenstern von K. Hausherr und Bildhauerarbeiten in rotem Lavastein von L. Stocker. – Dorfmuseum «alter Bären», Konolfingen-Dorf, geöffnet 1. und 3. Sonntag d. M., 14 bis 17 Uhr (Schulen, Gesellschaften auf Anfrage: Tel. 031 99 02 10). – Naturhistorisches Museum. Auskunft Tel. 031 99 12 79 oder 97 14 72. – Brunnen für Jodlervater Schmalz 1967 von G. Piguet an der Strasse nach Burgdorf. – Aussichtspunkt Ballenbüel mit Alpenzeiger. – Schloss Hünigen, Tagungszentrum, renoviert 1975, mit Park an der Chise.
Krauchthal. Kirche von 1794 mit Glasgemälden von Rud. Münger. – Pfarrhaus von 1732. – «Löwen» von 1694. – Aussichtpunkt Kreuzflue 100 m hoch, seit 1977 Naturschutzgebiet. Gemeindemuseum im alten Schulhaus. Anfragen: Tel. 034 51 10 40.
Langnau. Ref. Kirche 1673 mit 16 gleichzeitigen Wappenscheiben, Kanzel, Taufstein, Abendmahlstisch. – Kath. Kirche mit 9 Glasfenstern von L. Steck 1944. Restauriert 1973, mit Plastiken in Bronze von Bildhauer Remo Rossi, Locarno. – Heimatmuseum im Chüechlihus, geöffnet Dienstag bis Sonntag von 9 bis 11.30 Uhr und von 13.30 bis 18 Uhr. Nach Vereinbarung Führung möglich (Tel. 035 2 18 19). – Bärenplatz und Hirschenplatz. – In der «Ilfisbrücke» von 1871 Eidg. Schwingerstube. – Drei hölzerne Ilfis-Brücken: Ramsern 1793, Moos von Chr. Habegger 1797, Obermatt um 1900. – Dürsrüti (Waldreservat): Riesentannen. – Weites Gemeindegebiet, vor allem in der Gohl zahlreich die unverdorbenen Bauern- und Alpsiedlungen. – Bibliothek: geöffnet Montag, Mittwoch, Donnerstag, 15.30 bis 18.30 Uhr, Freitag, 18.30 bis 21.30 Uhr, Samstag, 10 bis 12 und 14 bis 17 Uhr.
Lauperswil. 1518 erbaute Kirche mit gleichzeitigen, kunsthistorisch überaus wertvollen, einheitlichen Glasgemälden, spätgotischer Deckenschnitzerei, Renaissance-Kanzel 1667 (Kunstführer erhältlich). – Aussichtspunkt Hochfeldeiche ob Neumühle-Zollbrück.
Linden. Kirche 1848 mit Chorfenster von R. Schär 1938.
Lützelflüh. Kirche mit Wappenscheiben Ende 15. Jahrhundert. Orgelprospekt 1785. – Gräber von Jeremias Gotthelf, Emanuel Friedli, Simon Gfeller. – Goffhelf-Stube, geöffnet April bis Oktober, Sonntag, 10.15 bis 11.15 und 14 bis 17 Uhr, werktags, 9 bis

11 und 14 bis 17 Uhr. – Ueli-Brunnen 1942 von A. Huggler; Gotthelf-Gedenkstätte; Gotthelf-Denkmal mit Medaillon von A. Lanz 1889. – Simon-Gfeller-Gedenkstätte auf der Egg. – In der Mühle von 1821 Kulturzentrum (Kulturmühle). – Naturlehrpfad Brandis. Zoo Sonnhalde, Tiergehege. – Waldhaus bei Lützelflüh: Dahlienausstellung im Herbst bei der Wirtschaft Waldhaus im Schweizerhausstil von 1898.
Münsingen. Kirche 1709/28, Turm 1903. – Ortsmuseum Schloss Münsingen. Öffnungszeiten: 1. Samstag im Monat, 14 bis 17 Uhr, 1. Sonntag im Monat, 10 bis 12 und 14 bis 17 Uhr. – Schloss 14./16. Jh. – «Bären», gotisch, ältestes Wirtshaus im Kanton Bern. – Schwandgut 1758. – Psychiatrische Klinik 1892/95. – Öle: Mai bis Oktober, 1. Sonntag und 3. Samstag/Sonntag des Monats, 14 bis 17 Uhr Vorführungen. Tel. 031 92 17 54 oder 92 02 57.
Oberburg. Kirche von 1497, Fresko 1517 «Heilige Sippe» aus der Schule von Niklaus Manuel. – Pfarrhaus 1749. Hübsche Emmentaler Barock-Orgel, erbaut 1984.
Oberdiessbach. Kirche von 1579/1938 mit Wappenscheiben von 1560, Gemeindewappen, Wattenwyl-Kapelle 1671, Soldaten-Denkmal 1918. – Pfarrhaus 1672. – Altes und Neues Schloss (von 1668) mit Schlossallee. Landsitz Diessenhof.
Röthenbach. Kirche 1904/05 von K. Indermühle.
Rüderswil. Kirche mit drei Chorfenstern von 1883 und Scheiben 1949/50 von P. Zender. Tafel für den Dichterpfarrer G. J. Kuhn. Zwei alte Glocken auf dem Kirchhof. – Dorfbild mit Pfarrhof, Krämerhaus Anfang 18. Jahrhundert, «Löwen» 1727, drei Dorflinden (unter Naturschutz). – Denkmal Niklaus Leuenberger 1903 mit Medaillon von A. Lanz.
Rüegsau. Kirche, einst Klosterkirche der Benediktinerinnen, Kreuzgangpfeiler mit hochromanischer Reliefplastik (um 1150). Verkündigung Maria. – Grösste Holzbogenbrücke Europas, 1839, mit 68,7 m Fahrbahn. – Kinderspielplatz Emmesteg.
Rüegsbach. Mittelalterliches Kirchlein mit Chorfenstern von L. Steck 1935.
Schangnau. Kirche von 1618, Kanzel 1656, Pfarrhaus 1780. «Löwen» 1815/16, Krämerhaus 1775. Drei hölzerne Emmenbrücken. – Räbloch, Emmenschlucht in Nagelfluhfelsen, mit Naturbrücke zwischen Eggiwil und Schangnau. – Kemmeriboden Bad, stattliche Gruppe von Rundi-Häusern ab 1835.
Schlosswil. Kirche von 1660/1761 mit Wappenscheiben von 1561, 1660 und 1761 und Gedenkplatten von P. von Diesbach 1679 und G. F. Ochsenbein 1893. – Pfarrhaus 1548. – Schloss mit Schlossallee.
Signau. 1937 renovierte Kirche mit Holzskulpturen an Kanzel und Taufstein von W. F. Kunz und farbenprächtigen Chorfenstern 1933 von R. Schär. – Im neuen Primarschulhaus keramischer Wandschmuck von J. Stucki 1965: «Daniel in der Löwengrube». – Dorfstrasse mit malerischen Gewerbehäusern, «Moserhaus» 1706, vom Heimatschutz restauriert, und Gasthof Bären. – Gedenksteine für den Dichter des Emmentaler Liedes, Schlosser Wiedmer, 1909, und Bundesrat Dr. Carl Schenk, 1961. – Oberrainsberg Panorama. – Tea-Room, alte Haustüre von 1793.
Sumiswald. Gotische Kirche 1510, mit berühmten Glasgemälden von Hans Funk und Hans Dachselhofer 1512/23. – Am Kirchhof Gedenktafel für Bauernführer Niklaus Leuenberger 1903. – Im «Bären» runder Tisch, an welchem nach der Sage (Schwarze Spinne) im Jahre 1434 die die Pestzeit überlebenden Männer der Gemeinde Platz gefunden haben sollen. – Altes Deutschordensschloss, wohl älteste erhaltene Hospitalanlage des Deutsch-Ritterordens nördlich der Alpen, ab 1698 Landvogtei, seit 1812 Gemeindeverpflegungsheim.

Trachselwald. Kirche 1686, Turm 1786, gemalte Decke, Grabmal 1695. – Pfarrhaus 1753. – Renoviertes Schloss (Amtssitz): Einzige noch erhaltene Burg oberhalb von Burgdorf, mit Bergfried aus dem 12. Jh. Besuchsordnung: 1. und 3. Sonntag im Monat, übrige Zeit nach spezieller Vereinbarung mit Herrn Herzog, Schloss Trachselwald, Tel. 034 71 23 97. – «Tanne» mit Schild von 1757, bemalter Front 1903 und Hälbligblockspycher (Kunstführer erhältlich).
Trub. Kirche von 1640/41: Bernscheibe von etwa 1520, zwei Wappenscheiben von 1642 und drei Chorfenstern von Max Hunziker 1957/61. – Pfarrhaus 1754/56. – Alte Fuhrenbrücke 1808. – Napf, mit Panorama von W. Bachmann. – In den Seitentälern zahlreiche Stöckli, Speicher ud Bauernhäuser im Truber Typ.
Trubschachen. Renovierte Kirche von 1892 mit drei Chorfenstern von Fred Stauffer 1968. – «Himmelhaus» mit Barockmalerei 1738, durch den Heimatschutz 1967 renoviert. Stöckli 1783 und Spycher 1785 des Heimatmuseums. – Hasenlehn-Spycher 1683. – Schautöpferei Hasenlehn: Montag bis Freitag von 13 bis 17.30 Uhr, Vereine nach Anmeldung (Tel. 035 6 60 29). – «Bären» 1698 mit Rundi, 1974 neu bemalt. Bär von A. Huggler. – «Hirschen» 1872. – Drei Holzbrücken von etwa 1880 und 1891.
Walkringen. Kaufmannshäuser an der Dorfgasse. – Kirche, Pfarrhaus von 1552 mit Treppenturm, Ofenhäuschen und Speicher von 1748 auf dem Kirchhügel.
Wasen. Typisches Emmentaler Bauern- und Industriedorf. – Kirche von 1881, 1946 nach Brand neu aufgebaut. Reich intarsierte Kanzel, skulptierter Taufstein. – Im Riedbad Naturlehrpfad.
Worb. Spätgotische Kirche, 1520/21 neu gebaut, mit 17 Glasgemälden, wohl von L. Schwarz, 1521/22. – Alt-Schloss von etwa 1000-1050 mit Bergfried, Palas und barockem Neubau auf der Aussichtsseite. – Neu-Schloss Graffenried um 1725.
Würzbrunnen. Kirche 1495, neu anstelle des ältesten Gotteshauses im oberen Emmental, Fresken aus dem frühen 15. Jh., St.-Vinzenz-Scheibe von etwa 1520, gotische Decke (Kunstführer erhältlich).
Wynigen. Kirche 1671 erneuert, barocke Wandbemalung, Chorfenster 1939 von M. Poncet, fünf Scheiben 1908 von E. Linck. Grabplatte Tobias Wild 1686. Turm 1620 mit Volutengiebeln. – Pfarrhaus 1630. – «Wilder Mann» Ende 18. Jh. – Schärer-Speicher 1759. – Gemeindehaus 1835. – Oberbüelchnubel mit Sommerwirtschaft, prachtvoller Aussichtspunkt. – Mutzgraben zwischen Rüedisbach und Juchten mit dem Mutzehüsi und Wasserfall.
Wyssachen. Kirche 1946 von F. Schärer, mit drei Chorfenstern von L. Steck 1947.
Zäziwil. Kirche 1960 von W. Küenzi, mit Glasmalerei nach Entwurf von Hans Hartmann 1964. – Im «Weissen Rössli» «General-Guisan-Stube». – «Krone» mit vier Rundifronten 1770. – Emmenthaler Handweberei: Permanente Ausstellung, Schauweberei, Tel. 031 91 04 08.
Zollbrück. Ausstellung der Frittenbacher Handweberei. – Ruine Wartenstein auf hohem Felsgrat. – Kalchmatt 1833. – «Rössli» 1772. – Im Ried fünf gepflegte Speicher von 1697 bis 1772.
Weitere wissenswerte Informationen sind zu finden im «Kunstführer Emmental», erhältlich zu Fr. 19.50 beim Verkehrsverband Emmental, 3550 Langnau, Tel. 035 2 42 52.

Register

Die Zahlen 1 bis 78 bedeuten die Routennummer. Die Seitenzahlen verweisen auf wissenswerte Angaben über den betreffenden Ort.

Äbeläng 77
Äbersold 55, 56, 62
Äbnit 60, 72
Affoltern 4, S. 169
Ahorn 22, 25, 26
Allgäuli 46, 48
Allgäulücke 46
Almisberg 9
Alpetli 35
Ängelberg 18
Appeberg 57
Arnibergli 45
Äschlenalp 63
Aspiegg 13
Ätzrüti 73, 76

Ballenbüel 68, 75
Bänzenberg 14
Bärhegen 24
Bärhegenchnübeli 24
Baumgarten 49
Belzhöchi 23, 26
Bergli 23
Bettler 22, 26
Bickigen 2
Bigel 77
Bigenthal 76
Biglen 10, 13, 58, 67, S. 169
Binzberg 3
Birchi 60, 77
Bitschigrind 46
Blappach 33, 36
Blasen 58
Blasenflue 29
Boden 64, 65
Bol 47
Boll 77
Bolsiten 47
Bowil 54, 55
Breitmoos 40
Breitwang 49
Brenzikofen 64, 65
Brunnen 18
Buchholterberg 66
Buechli 39, 67
Büel 19, 75
Bumbach 41
Burgdorf 2–6, S. 169
Burgdorf-Steinhof 7, 8, 72
Bürkelihubel 43

Busswil 5
Bütschli 41
Bütschwil 10

Chadhus 44
Champechnubel 35
Chäneltal 29
Chapf 53
Chapfschwand 53, 62
Chäseren 33
Chlosteregg 37
Chlosterweg 60, 72
Chnubelegg 43
Chnubelhütte 63
Chomberg 56
Chrutberg 58
Chrüzboden 35
Chuderhüsi 51, 54, 62

Dachsenflue 76
Dieboldswil 52
Diepoldshusenegg 73, 77
Dräjerhüsli 14
Dürrenroth 18, 23, 24, S. 169
Dürsrüti 30
Dürsrütiwald 30, S. •

Eggiwil 36, 40, 52, 53, 62, S. 169
Egg 31
Egg/Schulhaus 11
Ellenberg 11
Emmenmatt 58
Eriswil 23, 26, 27, S. 169
Eriz 42, 49

Falkenflue 63
Fankhaus 38, 39
Farnerechrütz 8
Fischerhubel 59
Flüeacherbrücke 32
Fluehüsli 14, 28, 30
Freimettigen 57
Freudigenegg 27
Fridersmatt 55
Fritzenflue 22, 27
Furggengütsch 48

Gärstler 4

Geilisguetegg 14, 28
Gemi 58
Gohlhusbrügg 6
Goldbach 13, 77
Griesbach 18
Grossenstein 49
Grosshöchstetten 58, 68, 71, 74, S. 169
Grüebli 39
Grünen 5, 11, 15, 18, 19
Grünenmatt 15
Grüenesteg 6
Guethöchi 61, 69
Guetisberg 3
Güggel 62
Guggli 22
Gumm 10, 13
Gummen 26
Gysenstein 68, 75, S. 169

Habkern 47
Hambüel 20
Hammegg 10, 13
Haretegg 15
Harschberg 12
Hartlisberg 64
Hasle 78
Hasle-Rüegsau 7, 9, 78
Häutligen 61, 69
Hegen 25
Heidbüel 52
Heimenschwand 56, 63, 66, S. 169
Heimigenneuhus 23
Heimisbach 16, 17, S. 169
Heimiswilbrügg 5, 6, S. 170
Helisbüel 64
Hellsteg 52
Herolfingen 67, 71
Hinterarni 20
Hinter Chapferen 43
Hinter Girsgrat 36
Hinter Hübeli 45–48
Hinter Längholz 12, 29
Höchänzi 20, 21, 25, 34, 37, 38
Höchgfäl 20
Höch Sureboden 38
Hofholz 1
Hofuren 19, 26
Hohgant 48

Register

Hohgrat 31
Höhi 53
Hohmattgätterli 21, 34, 37
Hohstullen 34
Höhstullen 39
Hohwacht 33
Honegg 43
Horbenbrügg 52
Hornbachegg 22, 27
Hueb 2
Huebbach 18
Hullerenschür 30
Hunsperg 8
Hüpfenboden 33
Huttwil 19, 25, 26, S. 170

Imperech 34
Innereriz 42, 49

Jegerhus 36
Jumpfereblick 2
Junkholz 4

Kalchofen 6
Kaltacker 3, 4
Kemmeriboden 41, 44–49
Kiesen 70, S. 170
Knörrihübeli 73
Konolfingen 61, 75, S. 170
Krauchthal 8, 60, 72, 78, S. 170

Langenegg 31
Langeten 27
Langnau 6, 30–33, S. 170
Längweid 24
Lauperswil 29, S. 170
Leimboden 16
Leumberg 1
Linden 55, 56, S. 170
Littiwil 60, 76
Lochbach 6
Löchlibad 27
Lüderenalp 14–17, 21, 28, 30, 31
Lueg 1, 4, 9
Lueghubel 65
Lushütte 20, 21, 34, 37
Luterbach 78
Luterschwändi 49
Lützelflüh 6, 7, 11–13, 77, S. 170

Mänziwilegg 60, 73
Marbachegg 44
Meienried 51, 54
Milpachalp 38
Mirrenegg 46
Moos 32, 33
Moosegg 12, 29, 58, 59
Mülimatt 66
Müliseilen 62
Münsingen 67–70, S. 171
Murerhüsli 60, 72
Mutten 52
Mützlenberg 12

Nägelisboden 50
Napf 20, 21, 25, 34, 35, 37–39
Naters 40, 50
Neumühle 6
Nideränzi 20, 21, 25, 34, 37, 38
Nidermattgraben 59
Niederhünigen 57
Niederwichtrach 70
Nünhaupt 59
Nyffel 25
Nyffenegg 25

Oberburg 7, 73, S. 171
Oberdiessbach 57, 62–64, 69, S. 171
Oberei 40, 63
Ober Gemmi 42, 43, 50
Ober Habchegg 44
Oberholz 71
Ober Hötschigen 68
Ober Huben 69
Oberhünigen 57
Oberi Bächlen 67
Obermatt 6
Ober Oschwand 73
Ober Rämis 31
Ober Rafrüti 14, 16, 28, 30, 31
Oberried 13, 46
Ober Scheidegg 25
Ober Stauffen 37
Oberst Rigenen 34
Oberwald 19, 22, 24
Oberwichtrach 61, 70
Oberzälg 66
Ofeneggalp 12
Otzenberg 13

Pfaffenmoos 52
Pfyffer 33
Planalp 45

Räbeli 70
Räbloch 63
Rachholtern 66
Rachisberg 5, 9
Radelfingen 76
Rainsberg 12
Rambachbrüggli 40
Ramisberg 14
Rämisgummen 33
Ramsei 6, 14
Ramseiberg 14
Ramseisteg 6
Richigen 74
Ried 28
Riederen 64
Rinderweid 26
Ringgis 62
Risisegg 35
Rohrimoosbad 56
Rotache 66
Rotenbaum 9
Rotenbüelegg 14, 28
Röthenbach 50, 51, 54, 66, S. 171
Rötlisberg 16
Rotmoos 42
Rotschalp 45
Rubigen 71
Rüegsauschachen 6, S. 171
Rüegsbach 5, S. 171
Rüteberg 40
Rüteli 61
Rutschiweid 3
Ryffersegg 51

Sänggli 15, 21
Sattelteufi 50
Sattlershus 19
Schaber 19, 22, 24
Schafhausen 10, 77
Schafschwand 52, 63
Schallenberg 9, 50, 63
Schangnau 33, 41–43, 50, 52, 63, S. 171
Schärpfenberg 47, 48
Scheidzunhubel 50

Register

Schibehüttli 44
Schlappach 53
Schlosswil 67, 74, S. 171
Schonegg 19
Schönibuech 67, 71, 74
Schuepisse 8
Schufelbüelneuhus 5, 11
Schwäissberg 53, 62
Schwand 41
Schwanden 1
Schwändi 10
Schwarzenegg 43, 56, 65
Schynenalp 34
Schynenzinggen 37
Siebenwegeplatz 72
Signau 12, 51–53, 59, S. 171
Sommerhaus 2, 4
Sorbach 52
Sparenegg 15, 17, 21
Speicher 47
Spierweid 45
Spychern 46
Stächelegg 35
Stalden 61
Steffisburg 64, 66
Steinen 51
Steinhof 7, 8, 72
Steini 47, 48
Steinweid 15
Stierenberg 17
Stockeren 62
Süderen 40, 63
Süessegg 20

Sumiswald 5, 11, 15, 18, 19, S. 171
Sunnbergweid 4

Tägertschi 68, 69
Tanne 59
Tannli 69
Tanzplatz 56
Thun 70
Thungschneit 70
Trachselwald 15, S. 172
Trimle 35
Trimstein 71, 75
Trub 37, S. 172
Trubschachen 32, 34–36, S. 172
Turner 35, 50

Underbergental 72
Unghürflue 20
Unter Chneubüel 19
Unterhorn 22
Unterhus 63
Unterlangenegg 65
Unter Oschwand 7
Utzigen 72, 77

Vechigen 72, 76
Vorderarni 20
Vorder Buhütte 41
Vorder Gfell 58
Vorderholz 16
Vorder Stouffen 66

Wachseldornmoos 63
Wachthubel 33
Wägesse 77
Waldeggbrügg 3
Waldhäusern 12, 29, 58, 59
Walkringen 59, 60, S. 172
Wannenpass 45
Wartenstein 29
Wasen 20, 21, 24, 27, S. 172
Wasenegg 73, 78
Wattenwil 73
Weier 22
Weierguet 67
Wichtrach 61, 70
Widegg 47
Wimmisalp 49
Wintersiten 55
Witebirchen 73
Worb 72–75, S. 172
Würzbrunnen 51, 54, S. 172
Wynigbrügg 2, 4
Wynigen 1–3, S. 172
Wyssachen 19, 23, S. 172

Zäziwil 29, 56, 57, S. 172
Zimmerberg 8
Zinggenstall 34, 37
Zollbrück 6, 28, 29, S. 172
Zuguet 17
Zulgsteg 70
Zwingherrenhubel 56

Auskunftsstellen
Geschäftsstelle der Berner Wanderwege
Nordring 10a, 3013 Bern, Telefon 031 42 37 66

Regionale Verkehrsorganisationen
Verkehrsverband Emmental, 3550 Langnau
Verkehrsverband Berner Mittelland, 3001 Bern

Lokale Verkehrsvereine
Affoltern-Weier, Biglen, Brenzikofen, Burgdorf, Dürrenroth, Emmenmatt, Eriswil, Eriz, Grosshöchstetten, Hasle-Rüegsau, Häusernmoos, Heimberg, Heimenschwand, Heimisbach-Trachselwald, Huttwil, Konolfingen, Krauchthal, Langnau i. E., Lauperswil, Linden, Lützelflüh, Münsingen, Neumühle, Oberburg, Oberdiessbach, Rüderswil, Signau, Steffisburg, Sumiswald, Trub, Trubschachen, Wasen i. E., Worb, Wynigen, Zäziwil, Zollbrück

Wanderbücher

Bern
- 3060 Berner Wanderrouten
- 3062 Berner Jura
- 3082 Jura bernois (f)
- 3063 Oberaargau–Bucheggberg
- 3064 Seeland
- 3065 Emmental
- 3066 Bern–Gantrisch–Schwarzenburgerland
- 3067 Thunersee
- 3068 Brienzersee–Oberhasli
- 3069 Jungfrau-Region
- 3081 Jungfrau-Region (e)
- 3070 Frutigland
- 3071 Simmental–Diemtigtal
- 3072 Saanenland
- 3073 Passrouten
- 3080 Mit dem Bäre Abi zum Wanderweg

Graubünden
- 3601 Surselva/Bündner Oberland
- 3602 Hinterrheintäler–Misox
- 3603 Lenzerheide–Oberhalbstein–Albula
- 3604 Arosa–Chur–Bündner Herrschaft
- 3605 Landschaft Davos–Prättigau
- 3606 Unterengadin
- 3607 Oberengadin
- 3608 Bergell
- 3609 Puschlav
- 3610 Engadina/Engadine (i/f)
- 3611* Engadine (e)

Wallis
- 3621 Aletsch–Goms–Brig–Simplon
- 3622 Leukerbad–Lötschental
- 3623 Visp–Zermatt–Saas Fee–Grächen
- 3624* Val d'Anniviers– Val d'Hérens–Montana (d)
- 3625* Val d'Anniviers– Val d'Hérens–Montana (f)
- 3626 Dents du Midi–Grand-St-Bernard–Les Diablerets (d)
- 3627* Dents du Midi–Grand-St-Bernard–Les Diablerets (f)

Tessin
- 3641 Lugano
- 3642 Locarno
- 3643 Tre Valli, Leventina–Blenio–Riviera
- 3644 Ticino/Tessin (i/f)

Westschweiz
- 3651 Jura (d)
- 3652 Jura (f)
- 3653 Freiburgerland (d)
- 3654 Pays de Fribourg (f)
- 3655 Jura vaudois (f)
- 3656 Est du Pays de Vaud (f)
- 3657 Neuchâtel (f)

Nordwestschweiz
- 3661 Regio Basel
- 3662 Solothurn
- 3663 Aargau

Ostschweiz
- 3671 St. Gallen–Appenzell–Liechtenstein
- 3672 Toggenburg–Churfirsten–St. Galler Oberland
- 3673 Glarnerland

Zentralschweiz
- 3681 Luzern–Pilatus–Rigi
- 3682 Hochdorf–Sursee–Willisau
- 3683 Entlebuch
- 3684 Obwalden–Engelberg
- 3685 Nidwalden
- 3686 Uri
- 3687 Schwyz
- 3688 Vierwaldstättersee

Durchgehende Routen
- 3401 Alpenpassroute
- 3402 Gotthardroute
- 3403 Mittellandroute
- 3404 Rhein-Rhone-Route
- 3405 Hochrheinroute
- 3406 Alpenrandroute
- 3407 Basel-Sion-Route
- 3408 Schwarzwald-Veltlin-Route
- 3409 Porrentruy–Grand-St-Bernard
- 3410 Jurahöhenwege (d)
- 3411 Chemins des crêtes du Jura (f)

Rundwanderungen
- 3180 Mittelland–Jura
- 3181 Berner Oberland
- 3182 Graubünden
- 3183 Wallis
- 3190 Valais (f)
- 3184 Tessin
- 3185 Westschweiz
- 3191 Pays Romand (f)
- 3186 Nordwestschweiz
- 3187 Ostschweiz
- 3188 Zentralschweiz
- 3189 Zürcherland

Wanderkarten

Bern
- 0801 Jura bernois–Seeland
- 0802 Emmental–Oberaargau
- 0803 Berner Mittelland
- 0804 Jungfrau-Region–Oberhasli
- 0805 Saanenland–Simmental–Frutigland

Graubünden
- 0811 Surselva
- 0812 Hinterrheintäler–Misox
- 0813 Prättigau–Albula
- 0814 Unterengadin
- 0815 Oberengadin

Wallis
- 0821 Aletsch–Goms–Brig–Simplon
- 0822 Visp–Zermatt–Saas Fee–Grächen
- 0823 Val d'Anniviers–Val d'Hérens–Montana
- 0824 Dents du Midi–Grand-St-Bernard–Les Diablerets

Tessin
- 0831 Tessin/Sopraceneri
- 0832 Tessin/Sottoceneri

Westschweiz
- 0841 Fribourg–Gruyère–Lausanne–Yverdon

Nordwestschweiz
- 0851 Solothurn

Ostschweiz
- 0861 Schaffhausen–Winterthur
- 0862 Zürich
- 0863 Thurgau–Bodensee
- 0864 St. Gallen–Toggenburg–Appenzellerland
- 0865 Glarnerland/Walensee

Zentralschweiz
- 0871 Luzern, Ob- und Nidwalden
- 0872 Schwyz-Zug, Vierwaldstättersee
- 0873 Uri

Jura
- 0881 Aargau–Basel-Stadt–Basel-Land–Olten
- 0882 Delémont–Porrentruy–Biel/Bienne–Solothurn
- 0883 Chasseral–Neuchâtel–Val de Travers–Ste-Croix
- 0884 Lausanne–La Côte–St-Cergue–Vallée de Joux

Holiday maps
- 0901 Berner Oberland 1:120 000
- 0902 Graubünden 1:120 000
- 0903 Wallis 1:120 000
- 0904 Tessin 1:120 000

MTB-Führer
- 3301 BIKE-Erlebnis Schweiz Band 1
- 3302 BIKE-Erlebnis Schweiz Band 2

Velokarten
- 0501 Schaffhausen–Winterthur
- 0502 Zürich
- 0503 Bodensee–Thurgau
- 0504 St. Gallen–Appenzell
- 0505 Zug–Schwyz–Uri–Glarus
- 0506 Berner Oberland
- 0507 Basel–Aargau
- 0508 Luzern, Ob- und Nidwalden
- 0509 Oberaargau–Biel, Solothurn
- 0510 Bern–Thun–Fribourg, Emmental
- 0511 Franches-Montagnes, Ajoie–Laufental
- 0512 Neuchâtel–Pontarlier, Trois Lacs
- 0513 Lausanne–Vallée de Joux
- 0514 Lausanne–Bulle–Fribourg
- 0515 Genève
- 0516 Lugano–Bellinzona–Locarno–Varese
- 0517 Sargans–Chur–Domleschg
- 0531 Schweiz/Suisse/Svizzera 1:275 000

* in Vorbereitung

Kümmerly+Frey